KB013664

야마토마치에서 만난 노인들

야마토마치에서 만난 노인들

김동선 지음

궁리
KungRee

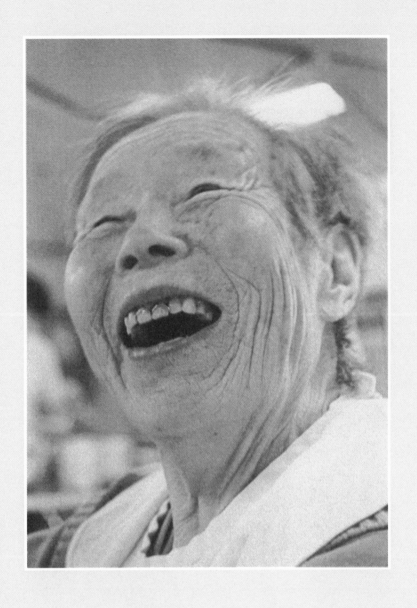

아, 노년이여, 만약 당신이 다가올 때,
다른 해악은 가지고 오지 않는다면,
오랫동안 살아서, 원치 않는 걸 많이 보게 되는,
그 해악 하나쯤은 견딜 만할 텐데.

카이킬리우스의 희곡 「목걸이」 가운데

2004년 3월, 예순다섯 살 치매 노인이 낙동강에 빠져 숨진 채 발견되었다. 치매와 욕창으로 거동이 힘든 노모를 병원에 입원시켜왔던 마흔한 살의 아들은 수발 비용을 더 이상 감당하기 힘들어 노모를 거리에 버리고 도망했다고 경찰서에서 진술했다.

고개 숙인 패륜아에게 현대판 고려장이라며 비난의 화살이 쏟아졌다. 어떤 사람들은 "하긴 부모 버린 자식이 하나 둘이냐"며 세태를 한탄하기도 했다.

이웃나라 일본에서 와상, 치매 노인 수발 문제가 수면 위로 떠오르기 시작한 것이 1970년대 초. 치매 시아버지를 모시는 며느리의 고투를 담은 소설이 최대의 베스트셀러가 되던 때였다. 당시는 노인(65세 이상) 인구가 전체 인구의 7%를 넘어서 고령화 사회에 막 들어선 시점, 2004년 노인 인구 8%를 넘어선 지금의 한국과 아주 비슷한 상황이었다. 그런데 현재 고령화율 20%를 바라보는 일본은 아직까지도 거동이 불편한 노인을 돌보는 문제로 몸살을 앓고 있다.

고령 사회의 특징은 비교적 건강한 전기고령자(65~74세)에 비해 후기고령자(75세 이상)의 수가 크게 늘어나는 데 있다. 후기고령자는 노화나 질병으로 인해 치매나 전신불수가 될 확률이 훨씬 높다. 일본에서 거동이 불편한 노인을 돌보는 일은 당연히 가족의 몫이었다. 그런데 수발 노동은 '효심'만으로 감당하기에는 정신적, 육체적으로 너무 무거운 의무다. '핵가족의 붕괴'로까지 일컫는 현대 가족 구조의 변화와 맞물리면서 부모 수발은 더 이상 '자식 된 도리'로 버틸 수 없는 한계에 이른 것이다. 노인 학대, 동반 자살, 살인이라는 비극이 꼬리를 무는 것이 그 다음 순서다.

세계 최고령 국가로서, 나름대로 고령화에 대처해왔음직한 일본에서 노인 문제가 이렇게 극단적인 비극으로 치닫게 된 건 '가족 신화' 때문이다. 사회와 가족 구조의 변화에 맞추어 합리적인 노인 부양책을 마련해온 서구와는 달리 일본은 '효' 이데올로기에 기대어, 사회 차원에서 대안을 마련해야 할 적기를 놓친 것이다.

일본의 사정은 우리와 무관하지 않다. 아니, 가족의 변화와 고령화에 따른 문제들을 따라가다 보면 바로 우리 이야기를 하는 듯한 착각이 들 정도로 일본은 우리와 가까운 거리에 있다. 고령화 속도가 빠른 점, 노부모 부양을 자녀가 온전히 떠맡아온 점, 베이비붐 세대(일본 단카이 세대와 한국의 한국전쟁 직후 세대)가 퇴직하면서 고령화 문제가 폭발하리라는 점 등 일본과 한국의 고령화는 닮은꼴이다. 일본이 지난 30년 걸어온 길은 한국이 앞으로 가야 할 길이기도 하다. 이 책은 바로 이러한 이해에서 출발했다. 우리에게 닥친 고령화 문제, 특히 노인 부양 문제를 어떻게 풀어갈 것인지를 세계 최고령 국가인 일본의 실패와 새로운 시도를 통해 배우자는 것이다.

신문사에서 여성, 가족, 복지 문제 등을 주로 취재해오던 내가 노인 문제에 본격적으로 관심을 갖게 된 것은 일본에서 1년 동안 연구를 하게 되면서부터다. 일한문화교류기금의 펠로십으로 일본에 건너간 내가 머문 장소는 니가타 현 야마토마치. 비용 효율에서나, 서비스의 질 면에서 바람직한 노인 수발 시스템을 구축한 곳으로 일본에서는 널리 알려진 곳이다. 2000년 노인 수발을 위한 공적개호보험을 도입할 당시 후생노동성 관료를 비롯해, 전국의 노인복지 담당자들이 '야마토 모델'을 배우기 위해 이곳을 찾았다.
사람 사는 곳은 어디나 마찬가지인지라, 야마토마치도 '노인들의 천국'이라 할 정도로 이상적인 곳만은 아니다. 이곳에도 질병이 있고 노추(老醜)가 있고 시중드는 가족의 고단함이 있다. 하지만 이곳 노인들은 말년을 자신이 평생 살아온 집에서 가족과 함께 보내면서도 가족 수발에 따른 감정적인 피폐에서 비교적 자유로운 편이다. 외부로부터 충분한 지원을 받는 덕분에 가족의 피로가 덜한 것이다.

적은 예산으로 높은 만족도의 서비스를 제공하는 야마토마치의 이러한 노인 수발 시스템은 하루아침에 만들어진 것이 아니다. 30여 년 전 고령화를 예감한 세 명의 현명한 의사들이 지역공동체와 함께 오랜 기간 준비해온 결과다. 보수적인 지역 주민을 설득하고, 전문적인 일꾼을 길러내고, 효율적인 행정을 만들어 낸 야마토마치의 오래된 미래는 노인 문제에 대해 막연하게 생각해왔던 내게 남다른 의미로 다가왔다. 인간적인 노년을 보장하기 위해 지역공동체와 가족, 행정력이 삼위일체가 된 모습이 한국 사회에 시사하는 바가 많다고 느꼈다.

책은 모두 3부로 구성하였다. 1부에서는 우선 고령 사회에서 나타나는 노인 문제의 다양한 양상과 원인을 짚어보고 가족과 사회를 바라보는 새로운 접근법을 고민해보았다. 2부에서는 야마토마치에 머물면서 경험한 재택개호 시스템과 그곳의 사람들을 소개하고, 이제는 노인이 된 30년 전의 청년의사들과 만난 이야기를 담았다. 마지막 3부에서는 노인 수발 문제뿐 아니라 연금, 의료, 재정 등 고령화로 인한 일본 사회의 전반적인 문제를 살펴보았다. 늘어나는 재정 부담으로 인한 세대 갈등을 주요 모순으로 다룬 이 장의 내용 역시 멀지 않은 한국의 장래를 반영한다고 할 수 있다. 또 2007년부터 한국에 도입될 노인장기요양보장제도의 원형이라고 볼 수 있는 일본 개호보험에 대해 살펴보았다.

유례없이 빠른 고령화를 경험하고 있는 한국에서 고령 사회의 문제들이 구멍 난 방죽처럼 여기저기서 터져 나오고 있다. 그런데 우리는 팔뚝으로 물줄기를 막고 있는 건 아닌가? 지금 벽돌과 시멘트로 준비하지 않으면 온몸으로도 막을 수 없는 때가 오고야 말 것이다. 이 책에서 고령화 문제의 해답을 제시하자는 것은 아니다. 다만 이웃나라 사례를 타산지석 삼는다면 위험한 범람을 막을 수 있지 않을까 하는 생각에서 얕으나마 경험과 지식을 모아보았다.

이 책을 많은 사람들이 함께 읽으면 좋겠다. 노부모 수발 문제에 대해 도리와 현실 사이에서 갈등하는 중년세대에게나, 10~20년 뒤의 한국을 떠받들고 가야 하는 청년세대에 이르기까지 고령화 문제는 우리 모두의 문제다. 야마토마치의 청년의사들처럼 앞서 내다보고 희망을 심는 사람들이 하나둘씩 생겨나고, 애정과 책임감을 가진 사회복지사들이 더 많아지기를 바란다. 또 정부도 노인 부양의 사회적 책임에 대해 더욱 적극적이 되기를 바란다. 보잘것없는 책 한 권을 내면서 청년세대의 활기와 노인세대의 연륜이 조화하는 사회를 꿈꾸어보는 것은 지나친 욕심일까?

2004년 5월
김동선

차례

일러두기

__ 초판이 출간된 후 야마토마치(大和町)는 2004년 11월 일본 지방자치단체 통폐합
에 따라 시(市)로 승격, 미나미우오누마시(南魚沼市)로 이름이 바뀌었습니다.

__ 사진은 야마토마치 데이서비스센터 야이로엔에서 도움을 주었습니다.

__ 본문에 예로 든 이야기 가운데 출처를 밝히지 않은 것은 글쓴이가 만나고 들은 이
야기를 정리한 것입니다.

1부

노인에 대해 생각하다

"우리 집도 할머니가 치매에 걸리는 바람에 온 가족이 옴짝달싹 못해요. 눈을 뗄 수가 없는걸요. 몸이 쪼그라들어 우메보시*처럼 됐는데도, 가만히 있지를 못하고 언제나 이리저리 움직이세요. 다치바나 씨의 시아버지도 비트는 버릇이 있나요?"

"비트는 버릇이라니?"

"뭐든지 손에 닿는 걸 비트는 거예요. 수도꼭지도, 가스밸브도, 라디오도, 텔레비전도, 귀가 먹었으니 본인에게는 아무렇지도 않은 모양이지만, 식구들은 갑자기 소음이 터져 나오는 바람에 가슴이 철렁 내려앉은 일이 한두 번이 아닙니다. 가스밸브는 위험하기도 하고요. 그래서 언제나 식구 가운데 누군가 할머니 곁에 붙어 있어야만 합니다. 혼자 내버려 두면 어떤 일이 벌어질지 모르거든요."

"연세가 어떻게 되시는데?"

"90세입니다만 이상하게 된 건 벌써 20년 전인걸요"

"설마"

"처음에는 거짓말을 하고 다니기에 그게 좀 이상하다고 생각했는데, 그 다음에는 온 동네를 헤집고 다니는 겁니다. 어느새 집을 나가 이리저리 돌아다니는 바람에 온 집안이 발칵 뒤집혀 찾아 헤맨 적이 부지기수예요"

"지금도?"

"10년 전 넘어진 뒤로 네타키리**가 됐지요. 꼼짝도 못하시게 됐으니 돌아가실 때가 다 되었나 보다 생각했죠. 그런데 숨은 끊어지지 않고, 그때부터 계속 병원에 누워 계시지요. 코에 고무관을 끼워 유동식을 받아먹으며 연명하는데, 보험으로 처리되지 않으니 병원비만 해도 장난이 아닙니다. 간호사를 한 사람 쓰는

데, 간호사 월급만 해도 제 월급의 두 배입니다. 아버지가 삼형제에 손자손녀가 여섯이니까 분담을 하지만, 혹시 손자가 하나였다면 결혼도 못하겠죠. '딸린 할머니'가 있다고…… 우리들은 모두 할머니가 돌아가시면 아카반*** 을 짓겠다고 합니다. ……"

"할머니는 손자손녀를 알아보기라도 하시나?"

"눈도 뜨지 못해요. 무근력증이라고, 눈꺼풀이 떠지지 않는 거예요. 1년에 한 번은 병문안을 가지만, 병원에 입원한 지 10년이 다 되어가니…… 아버지는 왜 병원에서는 할머니를 저렇게 내버려 두는지 모르겠다며, 당신이 먼저 죽겠다고 우시기만 합니다. 아버지가 돌아가시면 우리 손자들은 모두 야반도주라도 해야 할 판입니다."

일본 소설 『황홀의 사람』의 한 부분이다. 주인공 아키코 다치바나는 법률사무소에서 타이피스트로 일하는 중년 여성이다. 어느 날 시어머니가 갑자기 돌아가시면서 치매에 걸린 시아버지를 떠맡았다. 점점 심해지는 시아버지의 치매 증세로 밤마다 불면에 시달리면서도 직장을 그만둘 수도 없는 아키코는 '이러다가 필경 내가 먼저 죽겠다'고 생각한다. 위의 대화는 아키코가 일하는 법률사무소에서 함께 일하는 젊은 여성이 자신의 할머니 이야기를 들려주는 부분이다. 아키코는 "이 조그만 법률사무소에서 네 명 가운데 세 명이 노인과 함께 생활하고 있다니 믿기지가 않는다"고 말한다.

* 일본인이 즐겨 먹는 식초에 절인 매실
** 누워서 꼼짝 못하는 노인
*** 팥을 넣어 붉게 지은 밥. 경사가 있을 때 축하하기 위해 짓는다

1장 　　　　노년과 싸우는 노인, 그리고 가족

부모와 자녀, 함께 늙어가다

앞서 인용한 소설 제목 '황홀의 사람'은 치매 노인을 일컫는 말(다른 질병과 달리 치매는 앓는 사람에게는 천국, 가족에게는 지옥인 병이라고 한다)이다. 출간 당시 100만 부가 넘게 팔린 이 책은 일본에서 치매 노인 문제를 널리 알리고, 치매 노인 부양 문제를 공론화하는 데 결정적인 기여를 했다.

　소설이 출간된 시기는 1972년, 일본의 노인 인구가 7%를 넘어서 고령화 사회에 막 들어선 시점이다. 지금의 한국과 아주 비슷한 상황이다. 한국은 2003년 8%를 넘어섰다. 치매부모를 모시느라 당사자와 가정이 무너지는 사태도 마찬가지다.

저는 36세 미혼 직장 남성입니다. 형제자매는 없고, 노모(70세)와 단둘이 삽니다. 지난 해 노모가 머리를 크게 다치면서 힘든 시간이 찾아왔습니다. 사고의 후유증으로 뇌가 위축되면서 치매 증세를 보이기 시작한 것입니다. 얼마 전부터 상태가 급격히 나빠지면서 이제는 부축을 해도 일어서기 어려울 정도입니다. 소변은 조절조차 안 되고, 지금은 24시간 간병인을 두었습니다만 앞으로 어떻게 해야 할지 난감합니다. 지난 1년 동안 병원만 다섯 군데를 다녔고, 침술이나 한약 등을 모두 시도해봤습니다. 전문의 얘기로는 의술의 힘으로는 상태를 낫게 하기보다 나빠지는 속도를 늦출 뿐이라고 합니다.

그동안 병원비만 1,000만 원이 넘게 나갔습니다. 여기에 제 고민이 있습니다. 제 한달 월급은 250만 원 정도고, 집은 팔려고 내놓은 상태입니다. 유료 노인요양센터로 모시는 방법, 집에 24시간 간병인을 두는 방법, 끝까지 병원 치료를 받는 방법 등을 생각했지만 어느 쪽도 경제 부담이 크고, 특히 유료 시설의 경우 '부모를 버렸다'는 심리적 부담감을 떨치기 어려울 것 같습니다. 유료 시설에 대해 믿음도 가지 않고요. 제가 직접 모시는 방안도 생각해봤습니다. 제가 직접 모신다면 기저귀나 약값 외에는 특별히 비용은 안 들겠죠? 하지만 그러기 위해선 회사를 그만둬야 하고, 제 인생 다 포기해야 될 겁니다. 얼마 전 요령도 없이 무거운 노모를 일으켜 세우는데 저 역시 쓰러지는 줄 알았습니다. 하루 했는데도 미치는 줄 알았습니다. 제 효심이 부족한 탓이겠죠. 더구나 대소변 처리도 쉽질 않고. 비용 절감만을 위해서 이 방법을 택하는 것은 무리일 듯합니다. 또 노모의 상태가 10년 이상 간다면 저는 어떻게 해야 하나요?

친척들은 유료 시설에 모시라고 합니다. 저라도 살아야 하지 않겠느냐는 거죠. 이기적인 생각입니다. 지금까지 36년을 같이 살아온 노모를 그런 곳에 버린다는 것이 효심을 떠나 양심에 무척 걸리는군요. 더구나 그런 곳에 가서 노모가 홀대받고 하루 종일 침대에 누워 멍하니 시간을 보내게 된다면 평생 죄책감에 시달리게 될 겁니다.

노모의 남은 시간이 얼마일지 모릅니다. 10년 이상 갈 수도 있겠죠. 겨우 1년을 지냈을 뿐인데 제가 벌써 지쳐갑니다. 빚도 지기 시작했고, 회사 일에도 무리가 따르기 시작합니다.

한국치매가족회 가족 수기 가운데

고령화 문제를 얘기하면서 너무 암담한 이야기로 시작하는 것 같아 독자에게 미안하다. 극단적인 예를 들어 겁주려는 거 아닌가 하고 눈살 찌푸리는 분도 계실 것이다. 그러나 이것은 과장이 아니다. 현실에서 이미 일어나는 일들이다. 평균수명이 80세로 늘어났다는 경탄의 이면에는 이렇게 처절한 문제가 도사리고 있다.

오카야마 현에 사는 E씨(63세)는 외동딸 미에(37세)가 도쿄에 있는 회사에 취직한 뒤 줄곧 혼자서 생활해왔다. 사내 결혼을 한 미에는 자녀 둘을 낳고도 직장을 계속 다니며 열심히 살아가고 있다. 일과 가사로 늘 바쁜 미에가 어머니를 만나러 오는 것은 여름휴가 때와 설이 고작이다. 미에는 혼자 지내는 어머니가 마음에 걸려 "도쿄에 와서 같이 살자"고 권하지만 한번도 고향을 떠나 본 적이 없는 어머니는 "친척도 친구도 없는 도쿄에서는 살고 싶지 않다"고 거절했다. 어느 날 오카야마 현의 고종사촌으로부터 전화가 왔다. 며칠 전 E씨 때문에 마을에 큰 소동이 벌어졌는데 아무래도 치매에 걸린 게 아닐까 하는 내용이었다. 미에는 당장 다음날 휴가를 받아 시골로 내려갔다. 갑자기 나타난 딸의 모습에 깜짝 놀라면서도 기뻐하는 어머니. 겉모습에서는 별다른 이상을 감지하지 못했다. 오랜만에 왔으니 맛있는 거라도 만들어 주겠다며 부엌에 들어가는 어머니 뒷모습을 유심히 지켜보았다. 밥솥에 갓 일어놓은 쌀을 그대로 붓는 게 아닌가. 그냥 두었더라면 감전사고가 날 뻔했다. 집안을 둘러보니 예전과 달랐다. 언제나 깔끔하게 집안을 정리해두는 어머니였는데 집안이 난잡하다. 청소기나 세탁기 사용법도 잊어버렸는지 제대로 작동하지도 못하였다. 찬장에는 언제 넣어두었는지 알지 못할 과자와 과일이 썩어 나뒹굴었다. 혼자 내버려두어서는 안 되겠지만, 미에가 회사를 그만두고 가족 모두를 이끌고 시골의 어머니 곁으로 돌아올 수도 없는 노릇이다. 그렇다고 본인이 그토록 싫어하는 도쿄로 억지로 모시고 갈 수도 없는 일이다.

미에가 선택한 해결책은 주말마다 어머니를 만나러 내려가는 '원거리개호'다. 도쿄에서 오카야마까지 신칸센으로 네 시간 거리, 왕복요금만 수십만 원이 든다. 시간과 돈도 문제지만 주말마다 어머니에게 다녀와야 하므로 도쿄의 집은 점점 엉망이 되어간다. 또 주말마다 시골로 내려가야 하는 미에를 남편이 이해해주지 못하고 불만을 표현할 때 더욱 힘들다.

그녀는 어머니가 돌아가시기 전에 자신이 이혼할 것 같은 불안에 시달리지만 외동딸 입장에서는 어머니를 포기할 수도 없는 형편이다.

생물계에서 '자식이 부모를 돌보는 것은 인간뿐'이라고 한다. 히로이 요시노리 교수(지바 대학교 법경학부)는 "인간 말고는 포유류 대부분은 생식과 자녀 양육이 끝나면 생물로서의 일생이 끝난다"고 설명한다. '종족 보존'이라는, 생물로서의 존재 의미가 사라졌기 때문이다. 생물로서 역할이 끝나고 쇠약해지면 가혹한 자연 조건에 더는 견디지 못한다. 제한된 먹이와 주거 공간을 둘러싸고 자손과 경쟁을 벌이는 대신 생존을 포기하는데, 이것은 자연의 조화를 위한 유전자의 지령인지도 모른다.

그런데 인간만이 '생식 연령+자녀 양육기'가 끝나고도 계속해서 생명을 이어간다. 마지막 자녀가 자립하는 시기를 50세 전후(여성의 경우)로 본다면, 평균수명 80세 전후까지 30년 넘게 '노년기'를 보내야 한다. 마지막 30년은 생물로서의 기능을 위해서가 아닌, 진정한 자유의 시간을 누리는 점이 바로 인간이 다른 포유류와 구별되는 증거일 수도 있겠다. 즉 자식이 부모를 뒷바라지하는 것은 인간이 존엄한 존재라는 의미다. 그러나 부모를 부양해야 하는 자식 입장에서는 노년기 30년은 길다. '노년기 부양'이라는 과제는 이때까지 '효'라는 이름으로 자식의 몫이었다.

냉정히 따져보면 과거에는 자식이 부모를 부양해도 아주 짧은 기간에 지나지 않았다. 일본에는 "부모 공양하려 할 때면 부모는 이미 없다"는 속담도 있다. 한국에서는 "있을 때 잘하라"는 말이 이에 해당한다. 그러나 요즘은 부모와 자녀가 함께 늙어간다. 평균수명이 80, 90세로 늘어나면서 부모 부양은 장기전이 됐다. '자식 된 도리'나 '남의 이목'으로 짊어지기에는 '노인 수발'이 너무 큰 짐이 되어 버린 것이다.

현실을 직시할 것, 전통적인 효도 사상을 잠시 내려놓을 것. 이 책을 끝까지 읽기 위해서 필요한 마음의 준비 운동이다.

긴 병에 효자 없다

굳게 마음먹고 시작한 일이었지만 참 힘드네요. 언제 끝날지 모른다고 생각하면 더 마음이 무겁습니다. 어젯밤 아버님이 밤잠을 못 주무시고 술을 달라고 조르는 바람에 새벽 2시까지 실랑이를 해야 했답니다. 감기는 눈을 비벼가며 저희 결혼사진을 보여드렸더니 겨우 술은 잊고, "언제 결혼했냐" "한 번도 본 적이 없는 사진을 이제야 보여 주냐"고 하십니다. 4시에는 소변을 보시겠다고 해서 다시 일어났고, 월요일 출근길부터 몸이 가라앉을 듯이 무거웠습니다.

—

영어에 이런 문장이 있어요. "Cry on my shoulder!—내 어깨를 빌려 줄 테

❀ 5년에서 20년으로 늘어난 부모 부양 기간

다음 생활주기표는 일생 동안 남녀가 만나 결혼하고 죽기까지 자녀의 성장, 정년, 노부모 부양의 과정을 한눈에 볼 수 있도록 도표로 만든 것이다. 1954년 도표를 보면 남성 평균수명이 62.4세, 여성 평균수명이 61.5세다. 이때 장남 출산에서 막내 학교 졸업까지 걸리는 자녀 부양 기간이 27.3년, 아버지 은퇴에서 어

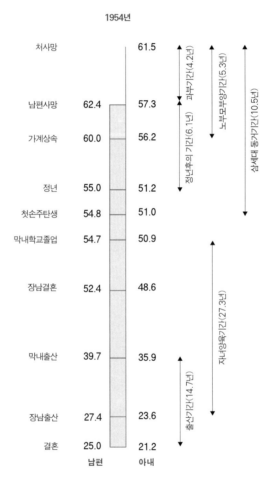

생활주기표 변천 대비(일본 후생노동성)

머니 사망까지 부모 부양 기간은 5.3년이다. 그러나 남성 평균수명이 77.6세, 여성 평균수명이 83세가 되는 1998년 사정을 살펴보자. 자녀 부양 기간은 22.9년, 40여년 전에 비해 오히려 짧아졌다. 그러나 부모 부양 기간은 20.4년으로 늘어났다. 부모를 5.3년 돌보던 때와 20년 이상 보살펴야 하는 오늘날의 차이는 현격하다. 그러나 자녀의 부모 부양 의무는 아직까지 사회적 규범으로 뿌리 깊게 남아 있다.

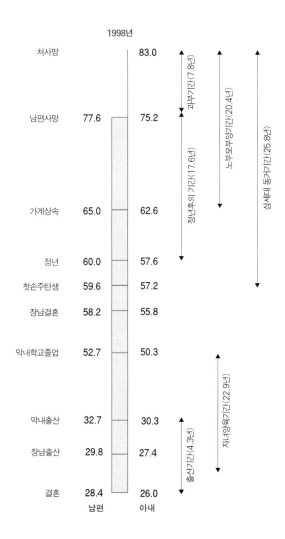

니 기대어 실컷 울어라." 제 어깨를 빌려드립니다. 저도 같이 울게요. 저
도 똑같은 경험을 했거든요. 저는 애가 셋인데요. 마지막 두 놈이 1년 터
울입니다. 요놈들이 아플 때는 두 놈이 함께 아파요. 아마 둘이서 합동 작
전을 하나 봐요. 작당을 하여 '엄마 골탕 먹이자' 하고. 그래서 병원 응급
실에 가면 보통 3~6시간이 걸려요. 그런데 더 화가 나는 건 그렇게 나갔
다 돌아오면 집이 엉망이에요. 어머님이 화장실 안에 그려놓은 '똥 벽화'
는 미켈란젤로의 벽화 '천지창조'가 무색할 정도입니다. 냄새만 안 나면
멋진 벽화가 되겠지만. 급하긴 하고 어디서부터 시작을 해야 할지 모르겠
고. 저는 교회 다녀요. 그래서 생각나는 것이 목사님. 목사님께 119를 쳤
죠. 그리고 전화통을 붙잡고 말은 못하고 엉엉 울고 말았답니다. 그러니
까 목사님이 제 시어머니가 돌아가신 걸로 착각하시고 조금 후에 저의 집
에 오셔서 노크를 하시는 겁니다. 저는 넋을 잃고 방바닥에 앉아 있고, 돌
아가신 줄 알았던 어머님은 벌거벗은 채 엉거주춤. 결국 목사님 사모가
달려오셔서 겨우 뒷수습을 했죠.

—

3년 전 시아버지가 우리 집으로 오셨어요. 아버님이 변비라 관장을 해드
리고, 자리에서 일어나실 수가 없으니 제가 소변도 받아야 했는데 처음에
는 며느리가 시아버지 소변을 받으려니, 난처하고 아버님도 무척 무안해
했답니다. 그래도 어머님이 없으시니 제가 할 수밖에요. 밤만 되면 안 계
신 어머님을 찾아 욕을 하시면서 잠도 안 주무시고. 1주일 정도 제 눈치
를 보던 남편도 시간이 지날수록 저에 대한 배려는 사라지고, 시누이들도

모든 일을 저에게만 떠넘기더군요. 어제가 아버님 생신이었어요. 미역국 끓이고 좋아하시는 돼지갈비에 생선전을 부쳐 드렸죠. 그런데 시집에선 전화 한 통 없더군요. 혹시라도 아버님이 그쪽으로 가시겠다고 할까봐 언제나 방어태세죠. 그렇다고 제가 노는 사람도 아니고, 사실…… 며느리는 남 아닌가요? 왜 며느리라는 이름으로 이렇게 살아야 하나? 한숨이 나올 때가 많습니다. 남편은 아침에 나갔다 저녁에 들어오는데 말로는 "다 안다"고 하지만 뭘 얼마나 알겠어요?

한국치매가족회 가족 수기 가운데

고령화 사회가 깊어지면서 결국 시름을 앓는 것은 바로 가족이다. 자식 된 도리로 떠안은 치매 노인이나 몸져누운 노인은 각 가정에서 한 사람의 손에 맡겨 두기에 너무 벅찬 존재다. 처음에는 안쓰러운 마음에서, 자신을 길러준 부모의 은혜를 갚는 심정으로 시작한 일들이 시간이 흐르면서 짜증, 원망, 한숨과 적의로 변한다. 그도 그럴 것이, 자리에 드러눕거나 치매에 걸린 부모나 배우자를 보살피는 일은 하루 24시간 계속되는 중노동이다. 노인 수발을 위해 취미 생활이나 일상적인 외출도 포기해야 하고 때로는 직업까지 포기해 경제적인 어려움에도 부딪힌다.

한 조사에 따르면 치매 노인을 돌보는 부양자들 과반수가 하루 15시간 이상을 간병을 한다.[1] 언제 돌발행동을 할지 모르는 치매 노인의 경우는 잠자는 시간을 제외하면 한 시라도 눈을 떼면 안 된다. 자리에 몸져누운 노인의 경우 부양자가 시간의 구속은 덜해도, 식사를 떠먹이고 씻기고 용변을 처리하는 일 자체가 중노동이다. 특히 노인을 안아 일으키고, 욕창이 생기지 않도록 돌려 눕히거나 화장실에 데려가는 일을 하다 보면 체중을 지탱하지 못해 부양자가 관절염을 앓는 경우도 많다. 이런 수발 노동은 언제 끝날지 모르는 상태에서 계속된다.

노인을 부양하는 가족의 얘기를 듣다 보면 이렇게 어려운 일은 대부분 며느리에게 돌아가 그 원성이 크다. 그런데 정작 큰 짐을 떠안은 당사자들은 '사실 나는 남인데' 라고 생각하게 된다. 게다가 시집, 남편과의 갈등으로 노인 부양이 더욱 힘겹다고 말한다. 평소 켜켜이 쌓인 분노와 애증을 폭발시키는 것이 바로 '노인 수발' 이라는 중노동이다. 지금 자신의 손에 의지해 연명하는 노인은 한때 자신을 못살게 굴던 사람이며, 지금도 자신을 힘들게 한다. 이런 피해의식이 커지면서 부양하는 가족은 가해자로 돌변하기도 한다. 가족에 의한 노인 방치, 학대는 이런 식으로 진행되는 것이다.

일본노동조합총연합회가 1996년 자택에서 노인을 돌보는 55세 이상의 가족을 대상으로 실시한 설문 조사 결과를 살펴보자. "자신이 돌보는 노인에 대해 증오심을 느낀 적이 있는가?" 라는 질문에 "항상 느낀다" 가 1.9%, "가끔 느낀다" 는 답변이 32.7%였다. 자리에 누운 노인의 기저귀를 갈아주지 않거나 식사를 주지 않는 방임, 폭언, 폭력 등을 경험했다는 가족이 반이 넘었다. 이 조사 결과를 보면 "노인 학대가 바로 가족에서 시작된다"는 주장을 수긍하지 않을 수 없다. 가족에 의한 노인 학대는 고령 사회의 또 다른 그늘이다. 다음 사례는 이웃의 신고로 한국 노인학대상담센터에 접수된 경우다.

이웃에 따르면 P씨는 치매기가 있는 시어머니(75세)를 골방에 가두고 제대로 식사를 주지도 않고 씻기지도 않는다고 한다. 가끔 시댁 식구들이 방문할 때만 골방에서 내보내는데 그럴 때면 온몸에 멍이 들어 있다. P씨는 시어머니가 치매로 집을 뛰쳐나가므로 골방에 넣어 둘 수밖에 없으며, 멍은 스스로 문이나 벽에 부딪혀 생긴 것이라고 주장한다. 하지만 이웃 사람들은 시어머니가 건강했을 때 P씨를 심하게 구박했던 점 때문에 P씨가 감정을 갖고 학대를 하는 것으로 본다.

다음은 일본의 사례다.

S씨는 20년 전 18세 때 다섯 살 연상인 남편과 결혼했다. 결혼할 당시 시아버지의 나이는 48세, 시어머니의 나이는 46세였다. 두 사람은 젊은 S씨의 눈에도 건강하고 활기가 넘쳐 보였다. 어린 나이에 결혼을 해 모든 일에 서툴렀던 S씨에게 결혼 생활은 금방 지옥으로 돌변했다. 시어머니의 이지메가 시작된 것이다. 시어머니는 처음에는 S씨가 남편과 함께 있을 때는 상냥하게 대하는 척했다. 그러나 시간이 지나면서 다른 가족이 보는 앞에서도 노골적으로 S씨를 괴롭히기 시작했다. 이에 대해 남편도, 시아

버지도 모른 체했다. 정신적 고통으로 두 번이나 유산을 한 S씨가 30대 중반에 접어들면서 상황이 뒤집어졌다. 8년 전 시아버지가 난치병인 ALS (근위축성측색경화증)에 걸린 데 이어 얼마 전부터 시어머니마저 자리에서 일어나기가 어려운 상태가 된 것이다. 두 사람을 돌보는 일은 모두 S씨의 몫이 됐다. 두 사람을 시중 들다 보면 하루가 눈 깜짝할 사이도 없이 지나간다. 피곤이 쌓이는 것은 물론 정신적인 피폐도 심해졌다. 전신의 근육이 마비돼 S씨의 보살핌이 없으면 살아가기 어려운 시아버지 때문에 잠시도 쉴 틈이 없는데 시어머니는 자리에 누워서도 음식 투정이나 살림 흠을 하며 S씨를 괴롭혔다. 혼자서는 도저히 감당하지 못하겠다 싶어 홈헬퍼를 부르기로 했다. 그러나 시어머니가 절대로 허락하지 않겠다며 버티는 것이다. '생전 본 적도 없는 남에게 어떻게 집안일을 맡길 수 있느냐'는 것이다. S씨는 시어머니의 억지에 가까운 반대가 자신을 이지메하기 위한 것이 아닌가라는 생각이 들었다. 그는 점점 시어머니의 말에 일체 대꾸를 하지 않고 식사도 겨우 허기를 덜 정도로만 차려냈다. 시어머니가 '기저귀를 갈아 주지 않는다'고 화를 내도 그녀는 못 들은 척하며 자신의 일만 했다. 주위에 사람이 없을 때면 시어머니를 꼬집기도 했다.

『노부모개호, 이런 경우에 어떻게 해야 하나』 가운데

함께 살면서 쌓인 애증, 일방적인 희생은 시부모와 며느리 사이에만 있는 것은 아니다. 부부나 부모 자식 사이도 마찬가지다. 평생 가족을 돌보지 않은 아버지, 남편에 대한 미움과 원망은 건강한 동안에는 잠복해 있다가 오히려 상대방이 가장 어려운 상태에서 터져 나온다. '인생 전반전에 당한 것을 후반전에 와서 앙갚음하는' 듯한 인상을 종종 주기도 한다. 어느 가정이나 크고 작은 가족 문제는 있게 마련이고, 오랜 세월 고통이 쌓이면 가족 구성원의 가슴에 분노가 자란다. 이렇게 가족 사이에 갈등이 깊어지면 몸져누운 노인을 제대로 돌보기가 어렵다. 이러한 관계는 노인이 나이 들어갈수록, 가족 외에 의지할 데가 없어질수록 학대로 변하기 쉽다.

이 때문에 나는 노인 문제의 근원에는 가족 문제가 놓여 있다고 생각한다. 노인 수발 문제를 생각할 때면 이들의 가족관계를 함께 생각해야 한다. 자식이 부모를 모시는 것은 당연하며 가족만이 가장 잘 돌볼 수 있다는 생각은 엄청난 착각이다. 아직까지 부모 부양 사상에 견고하게 매달려 있는 사람들에게 납득하기 어려울지 모르지만 가족이기 때문에 안 되는 경우도 많다.

자식이 직접 부모를 부양해야 한다는 의무감 이면에는 시설에 대한 거부감도 존재한다. 치매의 경우 일반 가정에서 돌보기 힘겨운 질병이라는 사실이 알려지고 전문 시설이 소개되고 있는데도, 아직까지 한국 사람들 의식 속에 노인 시설은 '죽음을 기다리는 곳'이라는 편견이 깊다.

2002년 2월 효고 현 아마자키 시에 있는 치매노인그룹홈을 방문했다. 그룹홈은 노인들 몇몇이 거실, 주방, 침실 등을 갖춘, 가정과 같은 분위기에서 함께 생활하는 곳이다. 나라노하 복지법인이 운영하는 이 그룹홈은 노인주거시설을 취재하기 위해 만난 토야마 타다시 교수(교토 대학교 환경공학부)가 소개해 준 곳이다. 그가 직접 설계에 참여했다는 이곳은 서양식 가옥구조와 일본식 전통가옥구조로 따로따로 설계된 것이 특징이다. 두 곳의 시설에서 각각 치매 노인 8~10명이 생활을 하고 있었다.

이곳 직원은 가운을 입지 않고 평상복을 입고서 청소를 하거나 식사를 준비하므로 언뜻 보아서는 노인 시설이라는 느낌이 전혀 들지 않았다. 이곳의 모토는 노인들의 행동을 억제하지 않는다는 것이다. 배회 증세가 있는 노인도 원한다면 언제든지 밖으로 나갈 수 있도록 현관문을 열어둔다. 대신 직원이 모니터로 관찰을 하다가 노인이 집을 나서면 얼른 따라 나선다. 지역주민들도 이런 사정에 익숙해져서 간혹 길을 잃고 헤매는 노인을 만나면, 이곳으로 데려다준다고 한다. 그래서인지 이곳의 노인들은 치매 노인이라는 것이 믿기지 않을 정도로 안정된 모습이었다. 마침 점심 식사 준비를 하고 있었다. 노인들이 반찬도 나르고 수저도 놓으면서 직원들을 도왔다.

원장은 수저를 놓는 한 노인을 살짝 가리키면서, "저 노인이 이곳에 오기 전에 집에서는 벽에 똥을 칠할 정도로 심각한 상태였다"고 귀띔한다. 자녀들과 관계가 원만하지 않았다는 그 노인은 가족으로부터 냉대를 받았던 모양이다. 가끔 불을 지르겠다며 날뛰던 증세도 이곳으로 오면서 완전히 사라졌다고 한다.

❀ 노부모 부양은 누구 책임이라고 생각하나

고령 사회에 나타난 노인 부양 문제는 궁극적으로 자식의 의무로 돌아간다. 한국인이나 일본인은 유교의 영향으로 '늙은 부모를 돌보는 것은 자녀의 의무'라는 당위에 이의를 제기하지 않았다. 수많은 효도 설화를 듣고 자라면서 부모 부양을 당연시했다. 특히 부모 부양의 의무는 장남에게 가장 무겁게 남아 일본에서는 최근까지도 '장남은 (공부나 이민으로) 외국에 나가서는 안 된다'고 강조해왔다. 그러나 평균수명이 길어지고 핵가족화가 진행되면서 부모 부양에 대한 부담이 생각 이상으로 무거워졌다. 부모 부양에 대한 의무감은 한국에서 더 강하고, 아들의 경우 더 강하다고 할 수 있다.

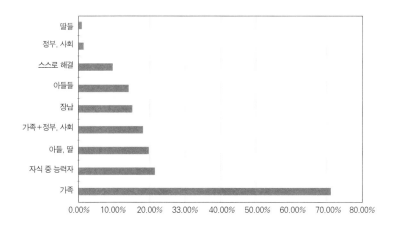

노부모 부양 책임에 대한 생각(한국 통계청, 2002년)

가족이라고 모두 치매 노인을 애정으로 대하는 것은 아니다. 가족이라는 애증 관계 때문에 오히려 노부모를 난폭하게 대하는 경우도 적지 않다. 이에 비하면 사명감을 갖고 전문으로 노인을 돌보는 '시설의 가족'이 훨씬 나을 수 있다. 그곳을 떠나면서 이제는 '돈으로 산 친절보다 미우나 고우나 가족이 낫다'는 생각을 버릴 때가 되지 않았나 하는 생각을 했다.

가족, 노인을 외면하다

일본에서 가장 자주 들을 수 있는 단어는 뭘까? 개인적으로는 네타키리*가 아닐까 생각한다. 혼자서 생활할 수 없는 네타키리는 자리에 누워 식사와 용변 등 모든 생리 작용을 타인의 도움에 의지한 채 연명한다. 네타키리는 2000년 기준으로 120만 명이었으나 계속 증가해 2010년에는 170만 명에 이를 전망이다. 네타키리는 일본이 최고령 사회가 되면서 더욱 심각한 문제가 되고 있다. 내가 1년간 일본에 체류하면서 연구 활동을 할 수 있도록 지원해주었던 일한문화교류기금의 한 이사와 만나는 자리에서였다. 그는 나의 연구에 관심을

---

* 네타키리는 누워있는 사람이라는 뜻으로 뇌졸중이나 중풍 등으로 쓰러져 거동이 불편한 와상(臥狀)노인을 일컫는다. 우리에게 낯선 단어이긴 하지만, 와상노인이라는 용어로는 그 느낌을 전달하는 데 한계가 있는 것 같아 이 책에서는 네타키리를 그대로 쓰기로 한다.

보이며 "노인 병원, 시설들을 직접 둘러보고도 일본에 미래가 있다고 생각하느냐?" 하고 질문을 해 난처한 적이 있다. 노인 병동에 나란히 누운 네타키리 노인들을 보면서 '도대체 일본이란 나라는 어디로 갈 것인가?' 자문했던 기억이 나서 허를 찔린 기분이었다.

네타키리가 되는 가장 큰 이유는 뇌졸중(31.7%)이며 그 다음이 바로 노쇠다. 나이가 들면 특별한 질병이나 골절 등을 당하지 않더라도 점점 신체 기능이 떨어지면서 네타키리가 될 확률이 높아진다. 80세 이상인 경우 네타키리나 치매 발생율은 10~13% 정도, 85세 이상이면 20~23%에 달한다. 네타키리는 아무런 자극이 없는 생활을 하므로 대부분 치매로 이어진다. 통계에 의하면 네타키리의 80%가 치매를 동반한다.[2]

네타키리 부모를 돌보는 가족의 이야기를 들어보면 네타키리가 되는 건 한순간이라고 한다. 뼈에 금이 가 한 달 정도 누워 지냈는데 그 뒤로 자리에서 일어나지 못하게 됐다거나, 감기로 일주일 동안 자리에 누운 뒤 다리 힘이 빠져 바깥출입을 거의 하지 않다가 그대로 네타키리가 되고 말았다는 식이다. 근력이 약한 노인들은 잠시만 움직이지 않아도 몸이 굳어버리며 심장 기능이 급격히 떨어진다. 추운 지방에서는 집에 틀어박히기 쉬운 겨울철에 네타키리가 는다는 통계도 있다.

젊은 우주비행사도 대기권 밖 무중력 상태에서 근육을 사용하지 않으면 폐용(廢用)증후군이 나타난다. 겨우 열흘 남짓한 짧은 비행을 마치고 돌아와도 장딴지 단면적이 10~15% 줄어들 정도다. 또 뼈가 물러지고 혈압 조정이 불규칙해져 빈혈이 오기도 한다. 우주비행사가 우주선 안에 운동 기구를 설치하고 꾸준히 운동하는 것처럼, 노인도 네타키리가 되지 않기 위해서는 되도록 몸을 많이 움직이고 외출을 해야 한다.

스웨덴이나 덴마크 등 다른 노인대국과 비교해 일본은 노인이 네타키리가 되는 비율이 유난히 높다. "왜 일본에는 네타키리가 많은가?" 대답은 여러 가지다.

먼저 네타키리를 예방할 수 있는 재활 시스템이 제대로 마련되지 않은 것을 들 수 있다. 스웨덴의 경우 노인이 뇌졸중이나 골절을 당하면 바로 병원에 입원시키고 신속하게 재활 치료를 하여 근육 마비를 막는다. 퇴원한 후에도 자택으로 물리치료사가 방문하여 재활 운동을 하게 하고, 집안 구조를 개조해 자립 생활을 할 수 있도록 한다. 개인에게 맡겨두는 것이 아니라 지역의 노인 시설이 나서서 노인 한 사람 한 사람의 수요를 파악하고 대처하는 것이다. 그런데 일본은 고령노인이 급속하게 늘어난 데 비해 이러한 지역 복지 시스템이 늦게 도입되었다.

두 번째로 주택 사정이다. 일본의 주택은 '토끼방'이라고 불릴 정도로 좁고 불편하며, 계단도 비좁고 경사가 급해 넘어져 골절을 당하기도 쉽다. 한국과 마찬가지로 앉아서 생활하는 구조라 일어서고 앉을 때 다리관절에 부담이 크며, 한번 자리에 누우면 다시 일어나기도 쉽지 않다.

마지막으로 돌보는 방식 문제이다. '남의 시선'에 많이 의존하는 일본인은 친지에게 손가락질 당하지 않기 위해 극진하게 돌본다. 노인이 스스로 움직일 필요도 없을 정도로 돌보다 보니 오히려 스스로 재활할 기회를 뺏는 것이다. 사실 억지로 일으켜 세우고 재활 훈련을 시키는 것이 그냥 자리에 눕혀 두고 뒷바라지를 하는 것보다 더 어려운 일이다. 돌보는 사람 입장에서는 용변을 볼 때마다 무거운 몸을 부축해 화장실에 가는 대신 기저귀를 채우는 것이 수월하다. '갸륵한 효심'과 '노인 수발의 피로'가 노인을 네타키리로 만든다고도 볼 수 있다. 또 재활 훈련의 중요성을 인식하지 못하는 가족과 이를 방치하는 사회가 네타키리를 더 많이 만들어내는 것이다.

아무튼 과잉보호든 귀찮아서든, 가족이 네타키리를 악화시키는 게 아닐까 하는 내 생각이 전혀 틀리진 않은 모양이다. 일본에서도 '네타키리(누워있는 사람)'를 '네타카세리(눕혀놓는 것)'라고 비틀어 얘기하는 사람이 적지 않다.

노인이 노인을 돌보다

가나가와 현 가와자키 시 나가노시마에 사는 용의자 K씨(93세)는 9일 살인 혐의로 긴급 체포됐다. 그날 오전 7시쯤 자택 침실에서 잠든 처 C씨

(87세)의 목을 졸라 살해한 혐의다. 조사에 의하면 C씨는 5개월째 네타키리 상태로 K씨의 보살핌을 받아왔다. K씨는 경찰조사에서 '아내가 죽여 달라'고 했다고 진술했다. 경찰은 K씨가 심한 허리 통증으로 휠체어에 앉아 생활해왔고 고령이어서 구치소 생활을 견디지 못하는 점을 들어 일단 석방, 자택에서 조사하기로 했다.

2001년 5월 10일, 《아사히 신문》에서

마츠야마에서는 52세 남성이 노쇠한 모친과 부친을 때려죽인 사건이 발생했다. 그는 경찰에서 '더 이상 부모를 돌볼 수 없어서'라고 살해 동기를 진술했다. 그의 부모는 9년 동안 치매를 앓았다.

2003년 9월 7일, 《마이니치 신문》에서

노인 수발과 관련한 기사를 검색하다가 찾아낸 것들이다. 일본에서는 이러한 비극적인 존속 살인, 배우자 살인이 드물지 않다. 모두 끝날 것 같지 않은 노인 수발로 인한 절망에서 비롯한다. "이런, 천륜을 모르는 인간들" 하고 욕을 할지도 모르겠다. 언제까지 남의 나라 일로만 생각할지도 모른다. 그러나 일본도 전통적인 유교 국가로서 한국 못지않게 효 사상이 뿌리 깊은 점을 감안한다면, 단지 남의 나라 일이라고 치부할 수만은 없다.

위의 사례를 살펴보면 노인을 돌보던 사람들의 나이가 모두 50대 이상이다. 노인을 돌보는 부양자가 점점 나이를 먹는 것, 노인이 노인을 돌보는 것의 한계가 바로 비극을 부른다. 일본에서는 고령화와 함께 '노노개호(老老介護)*'가 오래 전부터 사회문제로 떠올랐다. 배우자뿐만 아니라 60세 넘은 며느리가 70대 후반이나 80대의 시어머니, 심지어는 90대, 100세 넘은 증시어머니까지 모시는 경우마저 있다.

노인 수발은 24시간 계속되는 중노동이다. 하루 종일 자리에 누워 지내는 노인이라도 기저귀를 갈아주고 식사를 떠먹여주고 씻기는 등 잠시도 쉴 틈이 없다. 자리에 누워 있다고 돌보는 일이 수월한 것도 아니다. 한밤중에도 1시간 간격으로 일어나거나 기침, 가래 등으로 신체적인 고통을 호소하기도 한다. 시중드는 가족마저 덩달아 잠이 부족하게 마련이다. 기저귀를 제때 갈아주지 않으면 사타구니 살이 헐어버리고, 누운 위치를 자주 옮겨주지 않으면 욕창이 생겨 피부가 짓무른다. 젊은 사람에게도 부대끼는 중노동인데 나이든 노인에게 힘든 것은 말할 필요도 없다.

부양자가 점점 고령화하는 추세는 통계를 통해서도 알 수 있다. 후생노동성이 2000년 조사한 바에 따르면 수발하는 사람이 65세 이상인 경우가 전체의 43.35%(남자 52.8%, 여자 33.9%)다. 여자보다 남자 비율이 높은 것은 배우자를 수발하는 경우 때문이다. 그런데 남자가 수발하는 경우 문제가 더욱 심각하다. 이때까지 수발 노

---

* 노인들만 사는 가정에서 보다 건강한 노인이 네타키리 노인을 돌보는 경우를 말한다.

동은 주로 며느리, 아내의 몫이었다. 병자 수발, 집안일은 남자에게 익숙하지 않은 일이다. 하루 종일 계속되는 육아 가사 노동에 이골이 난 여자들은 적당히 상황에 맞게 일을 할 줄 아는데, 남자들은 모든 것을 매뉴얼대로 철저하게 하다가 빨리 지쳐버린다. 집안일을 사무실 책상 정리하듯이 할 수는 없는 것이다. 적당히 손을 늦출 줄 모르는 남자들이 더욱 피로를 느끼고 결국 '아내도 죽음을 원할 것'이라는 지레짐작과 함께 동반 자살의 길을 선택하기도 한다. 위의 사례들에서 가해자가 모두 남자라는 사실은 우연이 아닐지도 모른다.

이러한 현실은 여성의 경제활동 참가율이 높아지고 가족 구조가 변한 데에 이유가 있다. 과거 노인들은 자식 부부와 손자손녀에 둘러싸여 지역주민과의 교류 속에서 살아갔다. 농사일이나 제사 등 연장자의 지혜가 필요한 일에 조언을 하고, 감독하면서 자신의 존엄을 유지했다. 또 손자손녀를 돌보는 일을 통해 노인들은 가족과 유대감을 유지할 수 있었다. 노인이 자리에 눕게 되면, 동거하는 자녀뿐 아니라 가까운 곳에 사는 다른 자녀들도 수시로 드나들며 도움을 주었다. 그러나 도시화가 진행되면서 농촌에는 노인들만 남았다. 산업화, 핵가족화, 지역사회 붕괴로 인해 노인 부양은 새롭고도 가장 절실한 사회 문제로 떠오르게 된 것이다.

일본에서 노인이 자녀 세대와 동거하는 비율은 1980년 69%였으나 점점 낮아져 2000년에는 49.1%를 기록했다. 최근에는 몸이 불편한 노부모와 자녀 가족이 동거하는 경우가 늘어나면서 동거율 감소가 어느 정도 주춤해졌지만, 부모-자녀의 동거율이 계속 낮아지고 노인 단독 세대나 부부 세대가 늘어나는 것은 피할 수 없는 추세다. 일본 총무청 국정조사를 살펴보면 노인들의 고립감을 더 잘 이해할 수 있다. 노인이 있는 세대 가운데 노인이 혼자 생활하는 경우는 전체의 27.1%(2000년 기준)을 차지한다. 이는 1995년 25.4%에서 늘어난 수치인데 2015년에는 64.5%, 2020년에는 65.2%까지 높아질 것으로 추산하고 있다.

이렇게 근대화, 산업화가 '핵가족'을 만들어냈다면 현대에서는 '핵가족 붕괴'가 일어나고 있다. 이혼, 별거 등으로 혼자 생활하는 사람이 점점 늘어나는 것이다. 또 노인 부부만의 세대도 크게 늘어나고 있다. 이렇게 노인이 혼자 살거나 자립이 어려운 노부부만 살아가는 경우, 앞에서 살펴본 노노개호, 고독사 등의 문제가 발생한다. 이 때문에 독거노인이나 노부부를 지원하는 시스템을 구축하는 것이 고령화 사회에서 절실한 과제가 된다. '사회보장'은 보통 산업화, 도시화와 함께 시작됐다고 하는데, 달리 설명하면 고독한 노인들 문제로부터 시작되었다고도 할 수 있다. 즉 농촌 인구가 도시로 일자리를 찾아 떠나면서 농촌에 남은 노인들을 위해 사회보장제도가 필요하게 된 것이다. 전 세계에서 가장 수준 높은 노인복지를 실현한 스웨덴의 경우 1930년대에 처음 노인복지 관련 법률이 제정되었다. 1930년대는 스웨덴에서 근대화가 시작되어 자녀들이 도시로 일자리를 찾아 떠난 뒤 농촌에는 노인들만 남겨진 때다. 덕분에 스웨덴은 영국의 유명한 베버리지 보고서(Beveridge Report, 1942년)가 나오기 10년 전부터 연금·의료보험을 정비하기 시작해 1950년대에는 세계 최고의 노인복지국가로 자리 잡았다. 노인 문제 대처는 이렇게 사회 변화와 긴밀한 관계 속에서 이루어져야 한다. 노인이 자녀와 동거하는 비율이 점점 낮아지고, 평균수명이 길어지는데도 '자식의 도리'만을 주장해서는 안 된다는 것이다.

노인, 가족을 위해 자살하다

일본에서 고령화 문제를 연구하기 위해 1년 동안 내가 머문 곳은 니가타현 야마토마치라는 작은 마을이다. 일본에서도 손꼽힐 정도로 재택 노인복지 시스템이 잘 정비된 곳이다. 다른 곳에 비해 이곳 노인들은 외부 서비스를 쉽게 이용할 수 있어서 그만큼 가족과의 갈등이 적다. 그렇다고 야마토마치의 노인들이 모두 행복한 노후를 보내는 것은 아니다.

야마토마치에 머무는 동안 아침저녁으로 초등학교 2학년인 아들과 산책을 했다. 집에서 15분 거리인 마을 공원을 돌다 보면 자주 마주치는 동네 노인들이 말을 걸어오기도 한다. 휠체어를 탄 할아버지와 이를 밀고 가는 할머니와도 자주 마주쳤다. 하루는 할아버지가 불쑥 말을 걸었다. "내가 산책을 나올 때마다 목을 맬 나무를 찾는데, 드디어 하나 발견했지. 근데 이렇게 휠체어에 앉아 있으니 혼자 힘으로 어떻게 해 볼 도리가 없네. 좀

도와주겠나?" 깜짝 놀라 옆에 있는 할머니 쪽으로 얼굴을 돌리니, 할머니는 '이 영감, 또 시작이군' 하는 표정이다. '농담이구나' 긴장을 풀었지만, 나로선 충격이었다.

노인들은 왜 자살을 생각할까? 자살을 충동, 격정, 이루지 못한 열정 때문으로 이해해온 나에게 노인이 자살을 생각하는 것이 좀체 이해가 안 되었다. 그런데 실제 자살률은 젊은 사람에 비해 노인이 더 높다고 한다.

일본의 경우, 몇 년 전까지만 해도 노인 자살률이 가장 높았다. 2000년 통계에 따르면 60세 이상 자살자가 1만 명을 넘어 전체 자살자의 34.4%, 50대가 25.8%, 40대가 15.1%를 각각 차지했다. 최근에 중장년층 자살이 노년층을 앞질렀다. 구조조정 여파로 인한 실직, 가정파탄에 따른 실의(失意) 자살일 것이다. 한국도 비슷한 추세다. 고령화가 급속하게 진행되면서 노인 자살은 점점 늘어 2003년 9월 통계청 자료에 따르면 노인 자살이 전체 자살의 29%를 차지했다. 다른 연령층의 자살보다 노인 자살이 2~3배나 많으며 매일 7명의 노인이 목숨을 끊는 것이다.

언뜻 생각하면 노인 자살은 '고독사'일 것 같지만 실제 가족과 동거하는 노인의 자살률이 더 높다고 한다. 일본에서 노인 자살률이 가장 높은 곳이 아키타 현이며, 아오모리, 이와테, 니가타 현이 뒤를 잇는다. 이곳은 모두 도호쿠(東北) 지역으로 다른 지역에 비해 공업화가 뒤처졌다. 주요 산업이 농업이고 기후가 혹독하여 대가족 전통이 강한 곳이다. 따라서 다른 지역에 비해 자녀와 동거하는 비율이 훨씬 높다.

자식과 손자손녀에게 둘러싸여 행복하게 지낼 법한 노인들이 오히려 더 많이 자살하는 이유는 뭘까? 궁금증을 풀기 위해 아키타 현에 연락해보았다. 아키타 현은 전국 자살률 1위라는 불명예를 씻기 위해 3년 전부터 자치정부에서 '자살예방 캠페인'을 펼쳐왔다. 아키타 현 건강복지부의 후지이 부장은 "이때까지는 겨울이 길고 일조량이 부족한 기후 조건 탓으로 돌리며 이 지역의 자살을 수수방관했다. 그러나 노인 자살은 가족과의 갈등에 원인이 있다는 점에 주목하면서, 가족 갈등 상담에 중점을 두고 대책을 세워나가고 있다."고 설명했다. 이와 관련해 모토하시 유타카 교수(아키타 대학교 의학부 공중위생학)가 조사한 '자살 충동, 우울증과 가족관계에서 오는 스트레스의 상관관계' 연구 결과도 흥미롭다.

모토하시 교수는 아이가와마치에서 2002년 60세 이상 노인 1,925명을 대상으로 설문조사를 실시하였다. 조사 대상자가 가족과 동거하는 비율은 63.9%로 전국 평균보다 훨씬 높았다. 독거노인은 8.2%에 지나지 않았다. 그런데 전체 노인 가운데 16%가 최근 한 달 동안 '죽고 싶다'는 생각을 했다고 한다. 이 조사에서 가장 눈길을 끄는 부분은 자기평가우울척도에서 동거가족이 있는 경우(40.15)가 독거노인(37.77)보다 우울척도가 더욱 높았다는 점이다.

모토하시 교수는 "조사 결과를 보면 시골에 살면서 가족관계에서 오는 스트레스와 그에 대한 대응능력 부족이 아키타 현 노인의 우울증과 높은 자살률에 영향을 미친다고 생각한다. 또 노인들은 '오래 살아 가족에게 폐를 끼치지 말아야겠다'는 생각을 갖고 있는 것 같다"고 해석했다. "가족에게까지 폐를 끼치지 않겠다는 건 좀 심하지 않은가?" 이러한 나의 의문에 그는 '폐를 끼친다는 마음'은 '가족의 눈치' 때문이라고 덧붙여 설명한다. 가족들은 입으로는 희생과 배려를 말하지만, 적대감은 행동으로 표현한다. 나이가 들면 우울증 유발 호르몬 분비가 많아지고 쉽게 섭섭한 마음이 드는 노인들은 가족의 태도에 심한 상처를 받는다. 은퇴로 사회와 단절되고 가족만이 유일한 관계인 그들은 가족에게 거부당하면서 무력감, 소외감, 권태 등을 느끼고 삶에 대한 의지를 잃게 되는 것이다.

프로이트는 자살에 대해 '공격성이 자신을 대상으로 표출된 것'이라고 설명했다. 모든 사람은 공격성을 가진다. 그 공격성이 가까운 타인을 향해서는 안 된다는 강한 자제가 반대로 자신을 해치게 된다는 것이다. 자살은 바로 가장 사랑하는 사람을 해쳐서는 안 된다는 사랑의 역설적 표현이라는 것이 프로이트의 주장이다. 그렇다면 노인들은 가족을 괴롭혀서는 안 된다는 배려 때문에 자살을 하는 것일까? 그렇다면 노인들의 자살은 가족을 편안하게 해 주려는 '이타적인 자살'인가?

아무튼 이러한 결과를 바탕으로, 아키타 현은 엄청난 예산을 들여 지역별 우울노인 상담원 배치, 전화 상담 개설, '마음의 건강 만들기 모임' 등 다양한 자살 예방 캠페인을 펼치고 있다. 후지이 부장은 "3년 동안의 사업으로 아직 성과를 이야기하기는 어렵다"고 말하지만, 기후 탓만 해오다가 가족 관계에 주목하고 이에 집중한 예방 사업을 펴기 시작한 것은 의미 있는 일이다.

생명 연장, 공허한 꿈

A씨(78세)는 알츠하이머 말기로 네타키리가 된 지 2년째다. 24시간 일상생활 전부를 타인의 손에 의존하고 있다. 식사는 떠먹여 왔으나 최근에는 음식물을 잘못 삼키는 바람에 폐렴에 걸리는 일이 잦아졌다. 열이 날 때마다 경구식(經口食)을 중단하고 혈관으로 주사액과 항생물질을 투입한다. 열이 내리면 다시 음식물을 떠먹이는 일이 반복됐다. 그러나 경구식을 먹는 기간은 점점 짧아지면서 대신 가는 팔에는 주사 자국만 늘어났다. 해마와 대뇌피질에서 시작된 뇌 위축은 뇌 중심부까지 퍼져 이제는 가족을 알아보지도 못하고 주위 사람과 대화가 끊어진 지도 오래다.

A씨의 상태는 죽음으로 향하는 일반 코스다. 이 상태에서 좀더 진행되면 음식물을 삼키거나 기침으로 목에 걸린 담을 제거하는 일마저 불가능해지면서 죽음에 이르게 된다. 그런데 병원에서 치료를 받

으면 이러한 일반 코스가 장거리 코스로 바뀐다. 폐렴에 걸려 열이 나면 항생제를 투입하고 경구식 대신 혈관으로 영양을 공급하거나, 위에 구멍을 뚫어 영양을 공급하기도 한다. 현대 의술의 도움으로 환자는 의식이 없는 상태에서도 몇 년이고 살아갈 수 있는 것이다.

노인 병동 환자들을 보면 죽음과 삶의 경계가 모호함을 느낀다. 현대에 들어서 그 경계선을 긋는 것은 신의 역할이 아니라, 의료의 역할이 돼 버렸다. 치료를 계속할 것인가 중단할 것인가라는 판단에 따라 죽음이 결정된다. 환자의 요청에 따른 자살 원조, 안락사 등은 고령 사회에서 논의해야 할 중요한 윤리 문제가 되었다.

말기 의료를 중단하는 데 결정적인 역할을 하는 것이 바로 보호자, 즉 자녀들이다. 어떠한 경우에도 환자의 생명을 구하도록 훈련받은 의사들은 기본적으로 치료를 계속할 수밖에 없다. 그러나 말기 의료는 비용뿐 아니라 인간성에 대한 존엄성, 죽음에 대한 감정 등이 복잡하게 얽히므로 의료진이 독단으로 결정할 수 없다. 말기 의료는 의사가 환자의 보호자에게 병세와 치료 방법에 대해 알리고 보호자가 동의(inform and consent)함으로써 결정된다.

앞의 A씨 경우로 돌아가자. "본인에게 고통은 없는가." "경관 영양 외에 다른 방법은 없는가." A씨의 외동딸은 의사에게 이것저것 물어본 뒤에도 결정을 내리지 못하는 눈치다.

"어머니는 자존심이 강한 분이셨다. 자신이 치매에 걸리면 '병원에 입원시켜 무리하게 생명을 연장하는 치료는 하지 말라'고 말씀해

오셨다. 그러나 죽음에 임한 그분의 지금 생각은 어떨까. 죽음을 두려워하는 것은 아닐까. 일주일 전에는 가족 모두가 어머니를 만나러 병원에 왔다. 어머니는 가족을 알아보지도 못하면서 얼굴에는 기뻐하는 기색이 역력했다. 그런데 어떻게 치료를 중단할 수 있나."

자녀에게는 고통스러운 결정이 아닐 수 없다. 죽음에 대해 이성적이고 합리적으로 생각할 수 있는 사람은 거의 없다. 특히 부모인 경우, 더욱 그렇다. 누구나 부모의 죽음을 받아들일 준비가 되어 있지 않다. 그런데 이러한 의사 결정이 혼자가 아니라, 여러 명의 뜻을 모아야 하는 경우라면 답은 뻔하다. 누구도 "이제 산소마스크를 떼 냅시다"라고 먼저 말을 꺼내지 못한다.

노인의 수가 늘면서 그만큼 죽음과 마주하는 기회도 늘게 마련이다. 위 모습은 일본 노인 병원 어디에서나 흔히 볼 수 있다. 말기 환자 치료 방침을 둘러싸고 논란이 끊이지 않자, 그 동안 금기시해온 이 문제도 공론화됐다. 그런데 문제는 회복 가능성이 없는 환자를 다루는 말기 의료가 결국 생명을 하루라도 연장하는 것을 목적으로 하는 '연명 의료'가 되어버린 것이다. 생명을 과도하게 늘린다는 뜻으로 연명 의료는 '스파게티 의료'라고도 부른다. 어떤 사람은 현대 의학의 가장 큰 성과가 '한계생존자의 양산'이라고 비꼬기도 했다.

연명 의료는 우선 의료 비용이 지나치게 늘어나 문제다. 예를 들어 결석투쇄시술은 한 번에 수백만 원이 드는 고가 시술이다. 의료비뿐 아니라 노인들의 장기 입원에 따른 병상 부족, 환자 자신이 겪는 고통(코에 튜브를 꽂아 음식물을 투입하는 경우, 의식 없는 환자가 가끔 손으로 튜브를 뽑아버리는 경우가 있다고 한다. 이를 보면 코를 통해서 음식물을 집어넣는 일이 본인에게도 고통스러운 일이라는 것을 짐작할 수 있다), 가족이 겪는 소모전 등 많은 문제가 생긴다.

무리하게 생명을 연장하는 것에 대해 제삼자인 관찰자나 의료보험 재정을 걱정해야 하는 정부, 심지어 의료진조차도 부정적인 의견이 많다. 그러나 모든 사람이 비슷한 생각을 하지만 '연명 의료'에 대해 분명한 입장을 표명하기는 쉽지 않다. '생명'의 존엄성은 경제적인 계산이나 이성적 판단을 넘어서는 무게를 갖기 때문일 것이다.

임종 직전 부모를 병원으로 모시고 온 자녀들은 한결같이 "최선을 다해 주세요" 하고 말한다. 의사로서는 그 말을 액면 그대로 받아들여 비용을 따지지 않고 의료 조치를 한다. 노인은 몇 년이고 산소마스크를 달고 튜브로 음식물을 섭취하면서 병원 침대에 누워 지낸다. 한 일본 의사는 "일본인이 오래 살게 된 데는 분명 일본인 특유의 다테마에(建前)*도 한몫했다"고 농담반 진담반으로 얘기한 적이 있다. '효'라는 다테마에에 사로잡힌 채 자식들은 '과잉 의료'를 수수방관한 것이다.

한국에서도 말기 의료를 둘러싼 논란이 뜨겁게 벌어진 적이 있다. 가능성 없는 환자에 대해 치료를 중단한 것은 인도적인 처사인가,

* 속마음과 달리 의무와 명분을 중요하게 여기는 일본인 특유의 처신

아니면 의사의 임무를 방기한 것인가 하는 논란은 장수 사회에 들어서면 더 자주 벌어질 것이 틀림없다. 생명에 대한 존엄성과 경제 논리(의료 비용)가 갈등을 빚는 이 문제에 대해, 정부도 의료진도 더는 외면할 수 없다. 블랙박스를 열고 말기 의료를 공론화해야 한다.

내 집에서 죽고 싶다

일본 속담 가운데 "죽을 때는 다다미 위에서"라는 말이 있다. 다이묘(大明, 봉건영주)들의 세력 다툼으로 일본 전 국토가 싸움터로 변한 전국시대, 사무라이들이 "평화로울 때 수명대로 살다가 다다미 위에서 편안하게 눈을 감으면 좋겠다"는 희망을 담아 읊은 말이다. 그런데 요즘도 일본에서는 '다다미 위에서 눈을 감고 싶은' 사람이 적지 않다.

도쿄 한 노인 병원에 입원한 N씨(70세)는 병원 생활이 벌써 8년째다. 장남 가족과 함께 살다가 거동이 불편해지면서 병원에 입원한 뒤 이 병원 저 병원을 전전했다. 이곳에 들어온 지는 2년째다. 8년이나 입원했지만 상태가 심각한 것은 아니다. 뇌경색에 의한 가벼운 마비, 가벼운 당뇨와 고혈압 정도다. 그가 입원한 병실은 4인실. 휴대용 변기에 용변을 보거나 잠을 잘 때 커튼으로 칸막이를 할 수 있을 뿐 일상생활에서 프라이버시를 지키기가 어렵다. 침대마다 간격은 50㎝ 정도, 각자 자신의 텔레비전이 있지만 옆 사람에게 방해가 되지 않도록 이어폰을 끼고 듣는다. 머리맡 소지품 함에 일 년에 몇 번 입을 뿐인 외출복과 여벌의 입원복, 내복이 깨끗하게 개켜져 있다. 10년 전 먼저 세상을 떠난 부인의 사진, 아들 가족과 함께 찍은 사진이 머리맡에 놓여 있다.

의사는 "하루 종일 침대 위에 누워 있으면 네타키리가 되기 쉬우니 되도록 움직이라"고 하지만 돌아다닐 공간도 마땅하지 않다. 같은 병실에 입원한 노인 환자 가운데 정말 몸이 아파 보이는 사람은 한 명도 없다. 당장 퇴원해도 좋을 정도지만 이들은 병원을 나서면 갈 곳이 없다. 병원에서 특별한 치료를 받는 것도 아니다. 하루 한 차례씩 의례적인 회진이 있고, 식사와 함께 약봉지가 배달되는 정도다. 이들이 복용하는 약도 비타민이나 영양제가 대부분이다.

그는 상태가 심각해서가 아니라, 그를 돌봐야 하는 자식에게 면목이 없어서 병원에 입원해 있다. 노인 시설에 들어갈 수도 있었지만, 자식이 도리를 못해 부모가 노인 시설에 들어갔다고 이웃이 손가락질 할까 염려되었다. 병원이라면 아무래도 체면을 덜 구길 수 있다. 70세 이상 노인은 입원비가 무료에 가까울 정도로 싸므로 경제적인 부담도 적다. 그러나 사생활도 보장받지 못한 채 좁은 병실에서 갑갑한 생활을 해야 하는 것은 보통 고역이 아니다.

일본에서 노인들이 병원에 장기 입원하는 현상은 80년대부터 두

드러져 '사회적 입원'이라는 말도 생겼다. 병원이 치료를 위해 잠시 머무는 곳이 아니라 아예 생활하는 장소가 돼버린 것이다. 오랜 입원 생활 끝에 결국 병실에서 쓸쓸하게 죽음을 맞는 경우도 늘고 있다. 심지어 노인이 죽고 난 뒤 시신을 모셔갈 가족이 나타나지 않아 병원에서 고심한다는 얘기도 들려온다. 인생을 하직하는 순간 사랑하는 가족 대신 생면부지인 의사나 간호사, 간병인에게 전송을 받는 것은 여간 쓸쓸한 일이 아니다.

이러한 '사회적 입원' 현상이 나타나게 된 배경은 무엇일까. 앞서 살펴보았듯이 무엇보다 거동 불편한 노인을 돌볼 가족이 점점 사라지기 때문이다. 가족이 없다면 노인 시설에서 생활할 수도 있다. 병원에 비해 노인 시설이 생활 환경으로서는 훨씬 낫다. 이런 형편인데 왜 노인들은 시설 대신 병원을 선택할까?

지금은 일본에 특별양호노인홈, 노인보건시설, 케어하우스, 그룹홈, 고령자용 우량임대주택, 개호겸비 고령자주택 등 다양하고 고급스러운 노인 시설이 많아졌다. 그러나 얼마 전까지만 해도 종류가 적었으며 들어갈 수 있는 사람은 두 부류밖에 없었다. 우선 사설 유료노인 시설에 들어가는 부자들. 유료 노인 시설은 일시입주비만 몇억 원에 달하고 생활비도 비싸 중산층 노인은 엄두도 못 냈다. 그 반대로 정부가 운영하는 노인 시설. 이곳은 비용이 저렴한 대신 저소득층에다 부양가족이 없는 노인만으로 입소 자격을 엄격히 제한했다. 본인 소득이 없더라도 아들 소득이 높거나, 부모를 실제 돌보지

🌿 병실에서 쓸쓸히 눈감는 노인들

일본에서 노인들이 병원에 장기 입원하는 현상은 80년대부터 두드러져 사회적 입원이라는 용어를 만들어냈다. 1994년에는 6개월 이상 장기 입원하는 노인의 수가 30만 명을 넘었다. 1996년 통계를 보면 65세 이상 노인의 평균 입원 기간은 65.7일, 70세 이상인 경우 69.9일이다. 이는 15~34세 사이 국민의 평균 입원 일수 18.9일에 비교하면 세 배를 넘는다. 병원이 치료를 위한 일시적 장소가 아니라 생활하는 곳이 되어버린 것이다. 오랜 입원 끝에 결국 병실에서 쓸쓸하게 죽음을 맞는 경우도 늘고 있어 1995년 통계를 보면 임종하는 곳이 병원인 경우가 78.2%에 달했다.

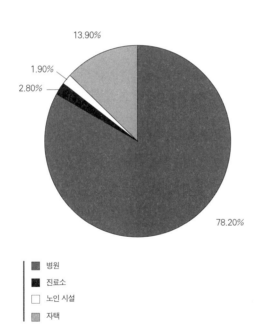

임종할 때의 장소(일본후생성, 1995년)

않아도 자녀가 있으면, 입소가 허용되지 않았다. 복지서비스를 국민이 당연히 누릴 권리라기보다 저소득층을 대상으로 정부가 베푸는 시혜로 보는 생각이 저변에 깔린 탓이다.

이렇게 노인 시설에 들어가기가 어려운 반면, 노인 병원은 병만 있으면 누구나 들어갈 수 있는데다 입원비도 아주 싸다. 일본은 1972년 복지원년을 선언하며 노인의료비를 무료화하였다. 급속한 고령화로 의료비 국고 부담이 점점 늘어나자 1983년 '노인보건법'을 개정해 일부를 노인에게 부과했으나, 그래도 아주 낮은 비율이어서 노인이 한 달 내내 입원해도 환자 부담은 2000년 기준으로 3만 6,000엔(36만원 정도)에 불과하다. 이 비용은 집에서 생활하면서 주거비, 전기세, 수도세 등을 부담하는 것보다 적은 액수다.

노인의 장기 입원이 늘자 위급한 환자들이 병상을 구하기 어렵게 되고, 정부 세출에서 의료비 국고 부담액이 해마다 늘어나는 등 사회적 부작용도 만만치 않다. 그러나 좁은 병실에서 사생활도 보장받지 못한 채 오래 생활해야 하는 노인들의 고통은 무엇보다 심각하다. 다다미 위에서 죽음을 맞이하고 싶지만, 집으로 돌아갈 수 없는 노인들의 안타까운 현실. 노년기를 '인생의 휴식기'로 생각한다면 비좁은 병원 침상에서 마지못해 살아가도록 하는 것은 도리가 아니다. 노인복지는 가능한 한 자신이 평생 살아온 집 또는 이와 비슷한 환경에서 노후를 보내도록 하는 것, 이런 기본에서 출발해야 하지 않을까?

2장

노인 문제, 이제는 말할 때

변하는 가족, 변하지 않는 사회

어느 모임에서 50대 후반의 한 여성이 노인 수발 체험을 털어놓으며 눈물을 훔쳤다. 그녀는 40대 초부터 시부모를 차례로 수발했으며, 지금은 자리에 몸져누운 남편을 수발하고 있다. 그 동안 취미생활이나 여행은커녕 외출도 제대로 못했다. 언제부터인가 즐겁고 아름다운 것을 보아도 즐길 마음의 여유조차 잃었다. 무엇보다 결혼생활 내내 자신을 구속해 온 시부모와 남편을 위해 인생의 마지막까지 자기 뜻대로 살지 못한다는 사실이 억울하다고 말했다. 흔히 여성은 세 번의 노년기를 산다고 한다. 먼저 시부모의 노년기를 뒷바라지하고 나면, 그 다음은 남편의 노년기, 이제 해방됐다 싶으면 자신의 노년기가 닥친다. "남편이 돌아가시면 무엇을 제일

하고 싶습니까?" 하고 물었다. 대답이 의외였다. "노인 시설에서 자원봉사로 노인들을 돌보고 싶다"고 한다. "지긋지긋하다고 하시지 않았습니까?" 다시 물었더니 "20년 넘게 했으니 이제 베테랑이죠. 달리 제가 잘할 수 있는 일도 없고요. 제 능력을 다른 사람을 돕는 데 쓸 수 있다면 좋겠습니다. 남편이나 시부모를 돌보는 일이 고통스러운 것은 평생 나에게 상처를 준 사람들이기 때문입니다. 전혀 모르는 사람이라면 가벼운 마음으로 돌볼 수 있을 겁니다."

　일본에서는 1990년대부터 노인 부양을 둘러싼 문제들이 드디어 가정의 울타리를 벗어나 사회의 영역으로 쏟아져 나왔다. 직접 노인을 돌보지 않는 중년남성도 노인 수발 부담을 호소하기 시작했다. 아내의 호소와 이혼 협박으로 인한 간접적인 반응이었지만 남자들도 직장을 방패로 언제까지나 피할 수는 없었던 것이다. 후지종합연구소가 1993년 대기업 관리직(98%가 남성)을 대상으로 노부모 수발이 직무에 미치는 영향을 조사한 결과, 수발 문제가 이들에게 최대의 고민이라는 것이 알려졌다. 응답자의 대다수가 부모나 아내를 돌보고 있으며 정신적 피로(46%), 자유로운 시간이 없다(35%), 육체적 피로(25%) 등을 수발의 어려움으로 꼽았다. 부모 부양을 둘러싸고 가족의 다툼도 늘었다. 부모 부양 때문에 아내와 사이가 나빠졌다는 대답도 40% 이상이었다. 후지종합연구소는 이 보고서를 발표하면서 "노인 수발 문제는 단지 가정 문제가 아니라, 일본 경제의 중

추를 옭아매는 문제로 취급해야 한다"고 결론지었다. 그때까지 방관자였던 남성들까지 사태의 심각성을 깨달으면서 노인 수발 문제가 본격적인 사회적 의제로 제기된 것이다.

일본에서 치매 노인 수발 문제를 정치인, 관료들이 본격적으로 거론하기 시작한 것은 1990년대 들어서였다. 노인 장기 수발을 세금이나 보험료를 거둬 사회가 공적으로 담당하자는 개호보험 구상이 표면화된 것은 1995년이다. 이때 고령화율이 벌써 14%에 이르렀다. 가족 해체와 과중한 노인 수발로 인한 동반자살, 살인 등의 비극이 오래 전부터 있어온 점을 생각하면 '노인 장기 수발 사회화' 공론은 너무 늦게 이루어진 셈이다.

사실 일본에서 치매와 네타키리 등 고령자 문제는 표면으로 드러나지 않았을 뿐 이미 1980년대부터 시작되었다. 이에 대한 사회적 조명이 늦게 이루어진 것은 무엇보다 부모 부양은 자식의 의무이며 가족이 맡아야 한다는 의식이 강했기 때문이다. 특히 남자는 직장, 여자는 집안일이라는 역할분담에 의해 여성이 수발을 모두 떠맡아 왔다.

일본 특유의 '수치 문화'가 끓어오르는 냄비의 뚜껑 노릇을 하기도 했다. 부모가 치매에 걸린 경우, 이를 '집안의 수치'로 여겨 집 밖으로 알려지지 않도록 자물쇠를 꼭꼭 채웠다. 얼마 전까지만 해도 치매는 정신병 취급을 받았다. 게다가 시설이나 다른 사람 손에 부모를 맡긴다는 데 대해 거부감을 갖는 사람도 적지 않았다. 따라서 치매 노인은 골방에 갇혀 지내야 했고, 돌보는 며느리는 육체와 감정이 피폐해졌다. 이런 상황은 자연스럽게 노인 학대로 이어졌다.

노인 수발에 따른 부담과 가족 갈등이 비등점으로 치닫고 있으면서도 표면적으로 일본의 가족은 화목하고 조화로움을 가장하고 있었다. 이러한 모순을 이해하기 위해서는 일본의 뿌리 깊은 '가족 신화'를 이해할 필요가 있다. 가족을 이상화하는 데서 지나쳐 아예 신화로 만들어버렸다는 의미에서 일본의 강한 가족주의를 가족 신화라고 부른다. 일본의 가족 신화는 가정의 일상생활뿐 아니라 경제, 고용, 복지 등 일본 사회 전반의 구성 원리로 작용해왔다.

이러한 가족 신화와 함께 일본이 노인 수발에 늦게 대응한 또 하나의 이유가 '일본식 복지'다. 일본식 복지란 일본의 높은 경제성장이 한계에 이른 1970년대 후반부터 일본 복지 정책의 중심이 되어왔다. 정부가 국민으로부터 세금과 사회보험료 등을 거둬 높은 수준의 복지 서비스를 제공하는 유럽의 복지국가들과 달리, 국민의 부담(세금, 사회보험료)이 낮은 대신 정부가 제공해야 할 복지 서비스를 가정과 기업에게 떠넘기는 시스템이다. 육아와 노인 부양 등은 가족에게, 종업원과 가족의 복지, 노후는 기업에게 떠넘겨졌다. 가장이 실직을 하거나 질병에 걸릴 경우 한 가족이 의지할 수 있는 것은 사회 시스템이 아니라 그 동안 모아 둔 저축이나 아내의 저임금 노동인 것이다. 또 기업이 사원들의 체력단련비나 가족수당을 제공하고 퇴직할 때 두둑한 퇴직금을 지급하는 것은 과거에 흔히 볼 수 있던 일

이다. 그러나 최근 들어 가족은 급격히 해체되고, 구조조정으로 종신
고용제는 무너졌다. 과거 가장이 자리에 누웠을 때 자신을 희생했던
아내들은 이제 가출을 하고 만다. 종업원들은 퇴직금은커녕 언제 해
고통지서를 받게 될지 알 수 없는 불안한 상황에 놓이게 되었다. 국
가가 사회적으로 지원해야 할 복지의 상당 부분을 가족과 기업이 맡
아온 일본식 복지가 한계에 부딪힌 것이다.

한국은 오늘날 노인복지 시스템을 구축해가는 과정에 있다. 한국
과 비슷한 사회 구조와 가족 가치를 가진 일본의 노인복지는 우리에
게 시사하는 점이 많다. 일본의 노인복지 시스템 발전 과정을 살펴
보며 눈여겨봐야 할 것은 노인 부양에 관한 정책 대응이 '적절한 시
기'를 놓친 점이다. 노인과 가족의 고통, 사회적 입원, 의료비 증가,
참혹한 죽음 등 너무 많은 비극을 겪고야 뒤늦은 정책이 나왔다. 이
러한 노인복지 실패의 배경에 가족 신화와 일본식 복지가 있다.

가족 신화 무너지다

일본에서 샐러리맨 남편과 전업주부로 구성된 가족은 전후 고도경
제성장을 떠받쳐 온 하부구조였다. '기업전사'인 남편과 가사와 육
아를 전담하는 '가정관리사' 아내. 가족경제학에서는 이렇게 남녀
역할분담이 확실한 가족 구조가 경제생산성이 가장 높다고 본다. 노

벨 경제학상을 받은 시카고 대학교의 게리 베커 교수는 부부 각각이 노동시장에서 받는 임금을 비교해 남편의 임금이 높으면 남편이 전적으로 사회노동을 맡고, 아내는 가사노동만 맡는 것이 세대(世帶)로서 경제효율을 높인다고 지적했다.

세계 여러 나라의 경험을 보아도 고도 경제성장기에 남녀 역할분담이 분명한 것은 우연이 아닌 모양이다. 일본에서는 가족에 대해 흔히 '복지의 숨은 자산'이라고 부른다. 주부가 자녀 양육과 부모 부양을 떠안아 국가 경제에 기여했다는 것이다. 그러나 일본의 가족이 경제적으로는 효율적인 모델인지 모르지만 한편으로 여성차별의 온상이 된 것도 사실이다.

일본 남성에게 결혼과 가족은 업무 능률을 최대화하기 위한 수단이었다. 대기업에서는 결혼하지 않으면 뭔가 모자란 인물로 간주되어 따돌림 당하거나, 간부로 승진을 못한다. 부양 의무를 짊어진 남자야말로 회사가 원하는 대로 일하기 때문이다. 이 때문에 회사원들은 원하든 원치 않든 적당한 때에 청첩장을 돌리고, 집들이를 해야 한다. 정상 코스를 충실히 쫓음으로써, 업무 능력도 남들에 뒤떨어지지 않음을 증명하는 것이다. 이 때문에 결혼은 했지만 섹스는 하지 않는 일본의 섹스리스(sexless) 부부가 외국 언론에 소개되기도 했다.

여성의 경우는 결혼이 더욱 심한 사회적 압력이다. 결혼하지 않고 데이트도 하지 않는 사무직 여성에게 직장 상사는 훌륭한 신랑감 사진을 들이대며 선을 보라고 종용하기도 한다. 남자는 '회사와 결혼'

하고 여자는 '시댁과 결혼' 해서, 남자들은 가족에 대한 부양 의무로 더욱 회사 일에 매진하고, 여자는 남편이 사소한 집안일을 잊고 회사에 열중하도록 내조에 전념하라는 것이다. 가족의 가치를 강조하지만, 진정한 가족의 모습과는 너무도 동떨어져 있다.

고용 구조도 이런 가족주의에 맞추어 있다. 기업에서 볼 때 여성은 일시 인력일 뿐이고, 직장은 결혼으로 가기 위한 환승역일 뿐이다. 오치아이 에미코는 『21세기 가족』에서 대기업 인사담당자의 인터뷰를 소개하는데, 그는 여직원 채용 기준에 대해 아주 솔직하게 얘기한다. "우리 회사에서는 여직원을 뽑을 때 미모를 우선시합니다. 사실 우리와 같이 업무량이 많은 대기업 남자 직원은 선을 보거나 데이트할 시간이 없습니다. 밖에서 신부를 찾을 여력이 없으니 자연히 안에서 해결하려 들죠. 따라서 우리 회사 여직원은 남직원의 장래 신부감이라 해도 과언이 아닙니다. 남자들은 아무래도 미모를 제일로 꼽으니까, 이왕이면 얼굴이 예쁜 여직원을 뽑아야 남직원들이 밖에서 시간과 에너지를 소모하지 않죠. 사실 서류를 카피하고 커피를 끓이는 일이야 누가 하더라도 마찬가지니까요."

일본 기업 고유의 종신고용, 연공서열, 임금체계도 가족주의에 근거한다. 일본 기업과 종업원의 관계는 가부장적 지배와 복종, 보살핌과 의존으로 이루어진 유사가족 관계다. 한번 취업하면 정년퇴직할 때까지 고용이 보장되었다. 이 때문에 종업원들은 상사에 대해 '언제나 신세를 지고 있다'고 말하며, 회사를 위해 뼈를 깎는다. 기업은 종업원의 충성에 상응하는 복리후생을 제공한다. 그리고 개인의 능력보다는 연공을 중요시하는데, 나이가 들수록 호봉이 높아지고 가족수당이 따로 지급되는 것은 자녀 교육비나 지출 규모가 점점 커지는 가계 필요에 맞춘 것이다. 실적에 따라 정하는 서양의 연봉제, 계약제와 대조적이다.

이렇게 기업 이익을 우선하는 허울뿐인 가족주의가 낳은 대표적인 부작용이 바로 일본 특유의 단신부임(單身赴任) 관행이다. 단신부임은 일본 열도 끝에서 끝으로, 때로는 뉴욕, 시카고, 파리, 상하이 등 전세계에 걸친다. 발령을 받으면 가장은 대부분 자녀 교육, 부모님 부양을 이유로 혼자 발령지로 간다. 몇 년이고 가족과 떨어져 생활하면서 자연스레 '현지처'를 둔다. 아내도 별로 개의치 않는다. 오히려 갑자기 남편 사는 곳으로 들이닥치면 상대 여자에게 실례가 되므로 절대 단신부임지에 찾아가지 않는다. 일반적으로 일본 여성은 배우자의 부정에 관대하다고 알려져 있다. 그러나 표면적으로는 평온해 보이지만 속에서 곪은 상처는 정년 후 이혼으로 결론이 나기 일쑤다.

아버지가 없는 가정에서 자란 일본 청소년들은 '규율 부재' 성장기를 거쳐 '히키코모리 *'가 되거나 '등교 거부', '10대 범죄' 등을 일으키기도 한다. '아버지 부재' 현상은 일본만의 일은 아니다. 일본의 기러기아빠가 단신부임에서 비롯했다면, 한국의 기러기아빠는 높은 교육열과 계층상승 욕구에서 비롯한다. 어느 쪽이건 가족의 오랜 별거는 가족 공동화(空洞化)를 초래할 뿐이다.

종신고용이나 연공서열은 고용자가 고령화하고, 경제가 저성장기에 돌입하자 더는 작동할 수 없게 되었다. 특히 정년을 앞둔 단카이 세대(斷塊世代)**로 인한 인사적체는 심각한 지경이다. 2001년 고이즈미 수상이 집권하자 일본도 드디어 미루어오던 구조 개혁을 단행했다. 중장년층을 겨냥한 구조 개혁이 본격화하면서 종신고용 신화를 자랑하던 일본에서도 실업률이 6%까지 올랐다. 이로 인한 중장년층 자살, 빈곤, 가정 파탄의 비극은 가뜩이나 고령소자녀(高齡少子女) 사회로 허덕이는 일본에 더 큰 재앙이 되고 있다.

일본 가족주의를 설명하다 보니, 고용구조까지 이야기하게 되었다. 가족의 문제는 단순히 가족 테두리 안에서 끝나는 것이 아니라 기업, 정부로 외연을 넓혀가므로 피할 수 없는 설명이었다. 다시 말하면, 생계책임자인 가장과 가사책임자인 주부가 가족경제 효율성을 높이도록 고안된 것이 일본 가족주의의 본질이다. 그러나 남편만의 수입으로 가족경제가 운영되고 일자리가 충분히 보장되던 안정성장 시대가 끝나면서 이름뿐인 가족주의는 더 이상 현실과 양립할 수 없게 되었다.

* 방에만 틀어박혀 바깥출입을 거부하는 사회부적응아
** 2차 세계대전이 끝난 후 태어난 베이비붐 세대로 700만 명이나 된다.

일본식 복지, 봉합을 풀다

'일본식 복지'라는 말을 처음 일본 학계에서 사용하기 시작한 것은 1980년대 초다. 1979년 가을부터 5년에 걸쳐 도쿄 대학교 사회과학 연구소를 중심으로 한 학제간 공동 연구의 결과물로『복지국가』여섯 권이 나왔다. 일본에서 '복지국가 연구'의 분수령을 이루는 이 저술에서 '일본식 복지'라는 말이 처음 사용되었다.[3]

　1979년은 '복지의 시대' 70년대와 '복지재검토론'이 등장한 80년대의 경계선이다. 60년대 고도 경제성장에 힘입어 일본은 1972년 복지원년을 선언했다. 이때 노인의료비를 완전 무료화하는 등 경제 성장에 급급해 외면해온 민생에 역점을 두고 정책을 펴기 시작했다. 그러나 곧 이은 오일쇼크, 경제성장률 저하, 급속한 고령화(일본은 1970년 고령화율 7%로 고령화 사회에 들어서고, 1994년 고령화율 14%로 고령 사회에 들어섰다) 등에 의해 금방 좌초하고 만다. 80년대는 일본 경제가 버블 경기로 고공비행을 했지만, 한편에서는 고령화에 따른 사회 비용 급증, 프라자 합의로 인한 엔화 절상, 재정 압박 등 악재가 계속되었다. 또 80년대는 선진국들이 '신자유주의'를 내세워 복지를 시장의 기능에 맡기는 '작은 정부'를 지향하던 때다. 당시 세계적 추세인 '복지 축소' 흐름 속에서 '일본식 복지'가 나온 것이다.

　스웨덴, 덴마크 등 북유럽 복지국가들이 국민이 내는 높은 세금과 사회보험료로 수준 높은 복지 서비스를 제공하는 데 비해, 일본 정부의 복지 지출은 매우 낮지만 국민이 일상에서 느끼는 안전감은 다른 복지국가에 비해 그다지 뒤처지지 않는다. 이것이 '일본 복지의 수수께끼'였고 이 수수께끼를 설명하는 것이 바로 '일본식 복지'다.

이렇게 국민이 안심할 수 있는 것은 정부가 제공하는 공적 복지 말고 가족과 기업이 사적 복지를 제공하기 때문이다. 가족은 육아, 노인 부양 등을 맡고, 기업이 사원주택, 가족수당, 퇴직금 등 복리후생제도를 통해 종업원의 생활을 안정시키고 노후를 보장해주었다. 이러한 비공식 보호 장치를 통해 국민은 세금을 조금 내고도 실직, 병, 고령노약자 부양 등에서 다른 복지국가 못지않은 보호를 받아왔다. 다시 말해 가족·기업·정부의 연합이 '일본식 복지'의 뼈대를 이룬다고 볼 수 있다.

일본식 복지는 가족을 전제로 한다. 정부로부터 최저생계비를 지원받기 위해서는 '부양해 줄 가족이 없다'는 것을 증명해야만 한다. 소득이나 자산이 없는 노인이라도 자식이 있다면 그 자식이 경제적 부양을 하지 않는데도 정부는 노인의 생계를 지원하지 않는다. 정부가 돕기 전에 가족의 책임을 묻는 것이다. 가족이 온전하게 유지되어야만 국가의 복지 비용을 줄일 수 있다.

남녀 역할분담론 이데올로기가 실제 남녀 성차에서 비롯됐다기보다 생산성 높은 경제 구조를 위한 합리화였다는 점을 앞에서 지적했듯이, 일본식 복지도 그 본질은 선(先)경제성장, 후(後)복지라는 국가 정책에 있는 것이다. 사실 학자들이 대단한 발견처럼 제시한 '일본식 복지론'은 정부 지출을 줄이기 위해 머리를 쥐어 짜온 관료들이 앞서 고안해낸 것이다.

'일본식 복지'가 정부의 정책 방향으로 제시된 것은 1979년이었다. 1973년과 1979년 두 차례에 걸친 오일쇼크로 일본의 고도 경제성장이 막을 내린 시점이다. 1979년 발간된 『자유민주당 연수총서』에 다음과 같은 구절이 있다. "서구제국 발전수준을 따라잡은 일본이 국가경제사회의 향후 방향으로서 선진국에 모델을 둘 것이 아니라 …… 개인의 자조노력과 가정이나 친지, 지역사회 등의 연대를 토대로 정부가 효율적이고 적정한 수준의 공적복지를 보장함으로써 자유경제사회가 가지는 창조적 활력을 살려, 일본 독자의 길을 선택적으로 창조한다"라는 부분이 있다.[4] '일본식 복지사회론' 이념을 정책으로 표방한 것이다. 여기서 '선진국'은 스웨덴, 덴마크 등 북유럽 복지국가를 뜻한다. '일본 독자의 길'이란 개인의 위기관리를 사회가 보조하는 '선진국형 복지'가 아니라 개인(가족과 친족)의 역할로 떠넘기는 '일본식 복지'를 뜻한다.

부담은 적고 혜택은 많은 복지 시스템은 듣기엔 상당히 매력적이다. 그러나 그 비용 차는 가족과 기업이 짊어져야 한다. 가족이 건강하고 화목할 때, 기업이 높은 수익률을 올릴 때는 그런 부담이 문제가 되지 않겠지만, 가족은 이혼하고 별거하는데다가 기업이 세계 유수기업과의 경쟁에서 밀려나는 상황에서는 더 이상 정부의 복지 파트너일 수 없다.

🌺 일본식 복지의 비밀은 '가족'과 '기업'

국가별로 국민소득에서 조세와 사회보험료가 차지하는 비율을 살펴보면 스웨
덴, 핀란드 등 일본과 고령화율이 비슷한 북유럽 복지국가의 경우 국민들의 조
세·사회보험료 부담이 아주 높다. 스웨덴의 경우 70%를 넘어설 정도다. 일본
의 경우, 조세·사회보험료 부담률은 스웨덴이나 독일에 비해 형편없이 낮을
뿐 아니라 공적 사회보장이 빈약한 미국보다도 낮을 정도다.

반면 일본의 공적 복지 비용은 빈약해도 국민이 피부로 느끼는 생활의 질은
그리 낮지 않다. 일본에는 "홈리스(homeless)가 있어도 슬럼가는 없다"는 말이
있을 정도로 '제도에 의한 빈곤'은 극히 적다. 얼마 전까지만 해도 모두가 함께
가는 '공동체 의식'과 '안전주의'가 일본 사회를 구성하는 원리였고, 국민이 생
활에 대해 느끼는 불안감은 극히 낮았다. 여기에 일본식 복지의 비밀이 있다.

나라이름	1996년		
	국민소득(NI) 대비(%)		
	조세부담	사회보장부담	합계
일본	23.1	13.3	36.4
미국	26.4	10.1	36.5
영국	39.0	10.2	49.2
독일	30.0	26.4	56.4
프랑스	35.1	29.0	64.1
스웨덴	51.0	22.2	73.2

국가별 조세 사회보장 부담률 비교(일본 재정조사회, 1999년)

3장　　　　　　　유목의 시대, 새 술은 새 부대에

가족을 혈연 집단으로 정의하던 관점에 경제학적 분석을 들이댄 것
이 바로 프리드리히 엥겔스의 『가족, 사유재산 그리고 국가의 기원』
(1884년)이다. 엥겔스는 가족을 단순한 혈연 관계가 아니라 물질 생
산에 종사하는 독립된 생계 단위로 정의했다. "가족은 정서적 유대
감이 아니라 경제적 타산에 따라 결정된다"는 그의 선언이 생산이
가장 중요하던 19세기적 발상이라면, 인간 수명 혁명이 일어나고 있
는 21세기의 가족은 어떤 의미일까.

　대규모 혈연공동체에서 근대 핵가족으로, 최근 동거가족과 한부
모가족까지. 가족은 점점 '개인성'이 강조되는 구조로 변해왔다. 보
다 나은 삶의 기회를 찾아 이동하는 현대 유목민들에게, 버거운 가
족 유대보다는 개인의 자유와 자립, 행복이 중요해진 것이다. 가족을

이루는 것은 인간의 본능에 가깝기 때문에 가족이 완전히 사라질 거라고 예단하기는 어렵다. 대신 새로운 형태의 가족이 나타날 것이다. 미국의 가족학자 데이비드 엘킨드는 전통가족(핵가족)을 대체하는 새로운 구조의 가족을 '포스트모던 유연가족'이라고 부르며, 이들은 유동적이고 유연하며 외부로부터의 압력에 예민한 것이 특징이라고 설명한다.

대가족제에서는 무엇보다도 질서 유지가 우선하면서, 가부장적 권위 아래 가족 구성원 사이의 민주적인 의사소통은 기대하기 어려웠으며, 개인의 선택이나 행복은 늘 뒷전으로 미루어졌다. 특히 가장 큰 희생을 요구당한 이는 여성(며느리)들이었다. 대가족에서 핵가족으로 바뀌면서 여성은 수많은 의무와 자아상실에서 구제되었다. 그러나 핵가족에서도 남녀의 불균형은 여전했다. 엘킨드는 자녀 양육이라는 과제 때문에 여성의 자아나 부부의 욕구가 희생될 수밖에 없던 것이 핵가족의 가장 큰 결함이라고 지적하였다. 이러한 남녀 역할분담이 사라지고, 개인의 자아성취와 결정을 존중하면서 나타난 포스트모던 유연가족은 문명의 발달과 함께 진보해온 가족제도 변화의 종착점으로 볼 수도 있겠다.

이러한 변화는 일본도 예외가 아니다. 가족에서 개인으로 무게가 옮아가는 가운데 몇 년 전부터 일본에서도 부부가 각자의 성을 사용하는 '부부별성제도'가 주목을 받고 있다. 일본에서는 여성이 결혼을 하면 남편의 성을 따르는 '부부동성제도'를 채택해왔다. 물론 데

릴사위가 된 남성이 여성의 성을 따르는 경우도 있지만 이는 소수에 지나지 않는다. 부부동성제도는 여성의 사회 진출이 늘어나면서 많은 혼란을 가져왔다. 사소한 예로, 결혼 전부터 직장을 다니던 여성은 결혼과 함께 명함, 인감도장, 유니폼 이름표 등을 모두 바꾸지 않으면 안 된다. 이런 불편함 때문에 젊은 사람 가운데 실질적으로 부부가 각자의 성을 사용하는 경우가 늘어나고 있다. 또 이러한 추세에 따라 국회에서도 부부별성제도 도입을 검토하고 있다. 나이 들었거나 보수적인 사람들은 부부가 서로 다른 성으로 불리면 가족으로서의 연대가 옅어지는 게 아니냐는 우려를 표명한다. 부부별성제도야말로 가족의 동일성을 가족의 본질로 여기는 전통가족에 대한 도전이라는 것이다. 부부별성제도는 한국에서 처음 호주제 폐지안이 나왔을 때 대부분의 사람들이 반대한 것처럼 처음에는 부정적인 의견이 많았지만 최근에는 찬성하는 사람이 반을 넘는다.

이렇게 새로운 가족 형태가 개인의 자유와 행복을 존중하는 면에서 '진보'라 하더라도, 또 다른 심각한 결함을 인정하지 않을 수 없다. 바로 과거 전통가족에서 가족의 고유한 역할로 여겨진 자녀 양육·노인 부양이라는 기능을 수행하기에는 적절하지 않은 것이다. 대가족제에서는 며느리가 부엌일을 하는 동안, 조부모가 손자손녀를 돌보는 식으로 집안일을 돕는 '남는 손'이 항상 있었다. 그런데 이제는 자녀 양육이나 노인 부양의 의무가 한 사람에게 집중된다. 노동의 양은 크게 달라지지 않았는데, 일할 손은 줄어든 것이다.

가족의 해체와 함께 여성의 사회 참여가 늘어난 것도 가족이 육아와 노인 부양을 온전히 맡을 수 없는 이유다. 일본의 경우 여성의 사회참여율은 2001년 49.2%로 다른 선진국에 비하면 (미국 60.1%, 스웨덴 76.2%, 핀란드 52.8%) 아직 낮지만 계속 늘고 있다. 일본 여성의 취업 형태는 학교를 졸업한 뒤 취업했다가 결혼과 육아로 일을 그만둔 뒤 (계약직이나 임시직으로) 다시 경제활동을 시작하는 M자형이 특징이다. 그러나 최근에는 결혼과 일을 병행하는 여성이 늘어나면서 M자형의 위가 점점 평평한 고원형으로 바뀌고 있다.

　여성의 역할이 가사노동자에서 임금노동자로 바뀐 것은 개인의 선택뿐 아니라 사회의 선택이기도 하다. 고령화로 경제활동인구가 줄어들고, 납세재원이 부족해지는 것을 염려한 정부가 새로운 납세자의 확보를 위해 여성 인력에 주목한 것이다. 스웨덴에서는 종합과세(부부의 소득을 하나의 단위로 보는 세제 방식. 부부 소득합계액이 과세대상이므로 부부가 따로 소득을 신고하는 것보다 세금의 양이 많아진다)를 실시하면서 젊은 사람의 혼인신고율이 크게 떨어지고, 주부가 직업 갖기를 포기하는 현상을 경험했다. 이 때문에 종합과세는 '결혼징벌세'로 불리기도 했다. 이 때문에 1971년 부부가 각각 근로소득이 있을 경우에 분리과세로 방식을 바꾸었고 이로 인해 여성의 사회 참여가 크게 늘었다. 일본에서도 최근 주부의 연금 혜택을 축소하고[5], 맞벌이 부부에게 유리하게 세제를 개혁[6]하는 등 여성의 사회 참여를 위해 다양한 정책을 실시하고 있다.

1995년 일본은 '사회보장체제의 재구축-안심하고 살 수 있는 21세기 사회를 지향하며'(일명 1995년 권고)를 발표하였다. '1995년 권고'는 사회보장 분야에서의 양성평등 원칙을 표방한다. 특히 1장 2절의 '가족과 남녀평등' 편에서는 "종래 육아와 개호 등은 여성의 역할로 여겨져 왔으나 남녀가 대등한 파트너로서 이들을 담당해야 한다는 기대가 커지고 있다"고 밝히고 있다. 그리고 2장 1절에서는 "21세기는 여성의 취업과 사회 참여가 넓어지며 사회 경제 활력을 유지하는 데에 있어 여성의 역할이 더욱 중요해지는 시기다. 이러한 상황에서 여성과 남성이 제각각 능력을 살려 일과 가정, 육아와 개호를 공동으로 떠맡으면서 복지사회를 구축하는 것이 절실하다. 이러한 사회에 대해 국민이 자립과 사회연대의식을 강하게 갖고, 불안에 대응하는 시점에서 사회보장제도를 개혁해나가지 않으면 안 된다"고 선언한다. 이에 대해 오카모토 유조 교수(고베 대학교 간호학부)는 "여성이 자유롭게 경제활동에 참가할 수 있기 위해서는 자녀 양육과 노인 부양에서 해방되어야 하며 이를 위한 사회적 장치가 필요하다는 것을 제도적으로 선언한 것"이라고 설명한다.

이렇듯 여성의 취업률 증가와 복지(특히 자녀 양육과 노인 부양에 대한 사회적 지원)의 발달은 밀접한 관련이 있다. 즉 여성이 집 밖에서 일을 하기 위해서는 집안일을 외부 서비스에 의존하지 않을 수 없는 것이다. '가사노동의 외주화' '육아와 노인 부양의 사회화' 등은 여성의 사회 참여가 높아지면서 함께 이루어질 수밖에 없다. 세계에서 남녀평등이 가장 잘 보장된 스웨덴이 세계 최고의 복지국가라는 사실은 우연이 아니다. 스웨덴의 여성 경제참가율은 세계에서 가장 높다. 또 국회의원 가운데 여성의원의 비율이 거의 50%에 가깝다. 이렇게 여성이 남성과 똑같이 사회활동을 할 수 있는 것은 당연히, 제도적인 뒷받침이 있기 때문이다. 스웨덴에서는 자녀를 출산하면 남편도 똑같이 육아휴가를 써야 하고, 노인들 대부분이 자녀에게 의존하는 대신 시설이나 재택개호 서비스를 완벽하게 갖춘 자택에서 독립적으로 생활한다.

이제 과거처럼 가족에게 복지의 상당 부분을 떠넘길 수는 없게 되었다. 그렇다고 국민이 내는 세금이나 사회보험료를 늘리는 데에도 한계가 있으며, 육아나 노인 부양에 대한 사회적 비용을 국가가 언제까지 고스란히 지불할 수만도 없다. 이러한 모순적인 상황에서 돌파구를 찾고자 하는 몸부림이 바로 복지 개혁, 제3의 길 찾기인 것이다. 일본의 사정은 한국과 무관하지 않다. 오히려 우리는 일본보다 더욱 심각한 상황에 놓여 있다. 고령화와 가족 해체가 일본보다 더욱 폭발적인 형태로 진행되고 있다. 일본이 보여준 악순환에서 우리는 고령화 시대의 재난을 뛰어넘을 지혜를 배워야 하는 것이다.

노인 부양이 더 이상 가족만의 문제가 아니라는 것을 국가와의 관계 속에서 살펴보았다. 물론 '효(孝)'는 개인적으로 버겁다고 버릴 수 있는 가치가 아니다. 그렇지만 평균수명이 높아지면서 부모 부양 기간이 눈에 띄게 늘어나고 삶의 조건과 가족 관계가 급격하게 변해가는데 지금 우리는 눈 가리고 아웅하듯 '효'라는 가치에 매달려 신음하고 있는 건 아닌지 되묻고 싶다. 묵묵히 가족이 떠맡아온 '효'의 멍에를 이제는 사회가 함께 짊어져야 한다. 그렇다면 노인 시설이 해법인가? 나이 들어서도 사랑하는 가족 가까이에서, 오랫동안 살아온 환경에서 노후를 보내고 싶은 것은 인간에게 기본적인 욕구에 속한다. 질적인 노년을 위해서 이러한 기본적인 욕구는 존중되어야 마땅하다. 또 건강한 고령화 사회를 이루기 위해서는 노년세대와 현역세대가 함께 보호와 책임을 나누는 것이 필요하다.

　노인 문제가 개인과 가족, 국가의 발목을 잡고 있는 고령화 시대, 우리에게 당장 던져진 과제는 '가족 부양과 국가 책임의 균형을 어떻게 찾을 것인가'이다. 2부에서는 그 가능성을 '야마토마치'에서 찾아보기로 하자. 야마토마치는 내가 2001년 1년 동안 일본의 고령화 문제를 연구하기 위해 머문 마을이다. 노인 부양을 둘러싸고 가족·지역공동체·행정자치체가 협조하는 '야마토 모델' 속에서 자조와 상조의 연결고리를 찾아보고자 한다.

2부

일본의 실버토피아, 야마토마치에서 배운다

쌀노래(米節)

쌀미(米) 자를 분석해보면

여든여덟 번의 손길이 간다네.

쌀 한 톨이라도 소홀히 해서는 안 된다오.

쌀은 부모나 다름없는 존재

쌀을 걷고 남은 것으로 만드는 것은 짚신

짚신을 신고 밟으면 쌀에 고반*의 흔적이 남지.

금이 열리는 나무가 없다는 것은 거짓말

참는 나무에 금이 열린다네.

천 대에서 팔천 대에 걸쳐

변하지 않는 것은

오노에다카사고소내에 있는 소나무**

나와 당신은 쌍엽 소나무라오.

일본 니가타 지방의 노동요다. 뇌졸중으로 쓰러져 집에서만 지내던 한 노인이 샤미센*** 반주로 들려주었다. 신체의 부자유, 노년의 적적함을 이기기 위해서는 '참는 나무'가 되어야 한다고, 스스로에게 들려주는 듯했다.

2001년 봄부터 일년 동안 일본 니가타 현 야마토마치에서 지내면서 많은 노인을 만났다. 이곳 사람들 대부분은 여기서 태

---

* 에도시대의 화폐
** 일본 효고 현 다카사고 신사 안에 있는 소나무. 적송과 흑송이 합체된 천연기념물로 '상생의 소나무'로 알려져 있다.
*** 일본의 전통 현악기. 세 줄로 된 기타처럼 생겼다.

어나 성장해 자식과 농작물을 기르며 순박하게 살아온 농부들이다. 이들에게 땅은 어머니와 다름없는 존재다. 이른 봄부터 수확기에 이르기까지 고단한 노동을 통해 얻어지는 쌀은 이들에게 생활의 물질적 기반이 되어 주었다. 한편 계절의 변화에 따라 씨를 뿌리고 수확하는 생활을 통해 터득한 전통적인 세계관은 이들의 정신적 삶을 견고하게 떠받치고 있다. 마을의 상징인 핫카이 산의 눈 덮인 봉우리, 밭에서 작물을 만지는 등 굽은 농부들, 조상부터 살아온 오래된 목조 가옥에서 전통 생활 방식을 그대로 이어가는 노인들, 남을 돌보고 참견하기를 즐기는 이웃들 …… 나에겐 낯선 땅인 야마토마치가 고향처럼 느껴지는 이유는 무엇이었을까? 자연의 섭리에 순종하고 고단한 삶을 숙명처럼 여기며 살아가는 모습은 한국의 농촌도 다름없기 때문일 것이다. 또 늙어서 죽음에 이르는 과정이 생명의 보편성을 일깨우기 때문일 것이다.

  평범하지만 평범하지 않은 야마토마치, 일본에서 노인복지의 모범으로 손꼽히는 곳, 그곳에서 만난 아름다운 사람들을 소개한다.

1 장 　　　　　　　　　　　함 께　일 군　노 년 의　평 화

야마토마치와의 인연

2001년 4월 일한문화교류기금의 펠로십으로 일본 고령화 문제를 연
구하기 위해 일본으로 건너갔다. 바로 전 해 한국은 노인 인구가 전
체 인구의 7%를 넘어서면서 '고령화 사회'를 둘러싼 공론이 이루어
지기 시작했다. 신문사에서 줄곧 여성 · 가족 · 복지 문제를 다루다
보니 노인 문제가 어느새 내 주요 관심사가 되었고, 달라진 노인의
의식, 생활, 가족관계 등에 눈뜨기 시작하던 무렵 마침 최고령 국가
일본에서 1년 동안 연구할 기회를 얻은 것이다.

　2001년부터 이듬해 3월까지 연구의 거점으로 삼은 곳은 대학교와
연구소 들이 있는 도쿄가 아니라 니가타 현의 한 시골마을이었다.

도쿄에서 서북 방향으로 250킬로미터. 신칸센으로 1시간 40분 거리에 있는 야마토마치. 언뜻 보기엔 평범한 시골마을이지만, 일본의 노인복지를 공부하는 내겐 최상의 장소였다. 오늘날 노인 부양 서비스로는 최적의 시스템으로 주목받는 재택개호 시스템이 이곳에서는 이미 30여 년 전에 도입됐기 때문이다. 재택개호 서비스 덕분에 아무리 중증장애를 가진 노인이라도 자신의 집에서 가족과 큰 갈등 없이 노후를 보낼 수 있다. 또 '적은 비용으로 효율적인 서비스'를 제공하려는 일본 정부의 의도를 모범적으로 실천하는 곳이기도 하다.

야마토마치의 고령화율은 23%, 마을 인구 네 명 중 한 명이 65세 이상 노인이다. 일본 전국 평균이 18%인 것에 비하면 매우 높은 수준이지만 농촌으로서는 당연한 수치인지도 모른다. 이곳에서 나는 복지제도를 배우기 전에 우선 많은 노인을 만나고 그들의 삶을 들여다보기로 했다. 삶 전체를 온전히 이해해야 그 삶의 버팀목인 복지제도를 제대로 평가할 수 있다고 생각해서다. 자연에 순응하며 한평생 살아온 그들은 늙음과 죽음도 자연의 섭리로 받아들이고 있었다. 때로는 조용하게 때로는 고통스럽게. 가족에 둘러싸여 편안한 노년을 보내는 노인이 있는가 하면, 자식이 모두 외지로 떠나 노인 시설에서 외롭게 죽음을 기다리는 노인도 만났다. 치매에 걸려 멍청해진 노인, 나침반이 고장 난 난파선처럼 우왕좌왕 지내는 노인, 그런가 하면 90대의 나이에도 몸과 정신의 건강을 지키는 노인도 많았다.

노인복지의 모델이 된 지역이라고는 해도 이곳 역시 고령 사회의 그늘이 드리워져 있다. 각 가정을 방문하고, 가족과 노인들의 고민을 듣다 보니 이곳 역시 고령화로 몸살을 앓고 있다는 사실을 알게 됐다. 사실 노인 문제는 농촌에서 시작된다. 젊은이가 일자리를 찾아 떠난 뒤 농촌을 지키는 것은 노인들뿐인 것이다. 이곳에서도 노인 혼자 생활하거나 노부부만 집을 지키는 경우가 점점 늘고 있다. 혼자 지내는 노부모 때문에 도쿄의 직장을 포기하고 귀향한 자녀가 있는가 하면, 주말마다 도시에서 부모를 만나러 오느라 피곤에 찌든 가장도 있다. 노모와 함께 생활하던 젊은 여성이 도쿄의 애인과 새로운 일자리를 좇아 떠나면서 시설에 들어가지 않으려는 어머니와 실랑이를 벌이는 일조차 있었다.

일본의 다른 지역에서 일어나는 노인 부양 문제를 이곳이라고 피해 갈 수는 없는 것이다. 그러나 이런 어려움은 다른 지역처럼 극단적이지 않으며, 가족 파괴나 자살 같은 비극으로 이어지는 일도 없다. 노인 부양 문제에 야마토마치가 비교적 수월하게 대응할 수 있는 것은 무엇보다도 재택개호 시스템 덕분이다. 전문적인 개호 서비스 인력이 각 가정을 방문해 필요한 서비스를 제공함으로써 자리에 누운 노인과 가족의 어려움을 덜어주는 것이다. 또 노인에게 필요한 서비스를 제공하는 것을 우선 삼아 의료와 복지의 벽을 허문 행정 개혁이 일찌감치 이루어진 덕분이기도 하다. 무엇보다 노인 부양을 가족의 몫으로만 일임하거나 정부 시혜에 의존해 해결하려 하기보다 지역 공동체가 나서서 짐을 나눠 진 공동체 의식이 주효했다.

재택개호 시스템

재택개호란 시설개호와 대비되는 개념으로 노인 혼자거나 노부부가 사는 세대, 또는 자녀와 동거를 하더라도 맞벌이 등으로 낮 동안 노인을 돌볼 사람이 없는 가정에 간호사나 홈헬퍼가 방문해 서비스를 제공하는 것을 말한다. 서비스의 종류는 욕창을 치료하거나 당뇨, 고혈압 같은 만성질환을 관리하는 등의 간호 서비스, 노인의 기저귀를 갈거나 목욕을 시키고 식사를 떠먹여 주는 개호 서비스, 세탁·청소·식사 준비 등 가사지원 서비스로 나뉜다. 재택개호센터 소속의 파란 소형자동차를 손수 운전해 각 가정을 방문하는 홈헬퍼들은 서비스 배달부인 셈이다. 중증장애 노인의 경우 홈헬퍼가 하루에 세 번씩 찾아가기도 한다. 이러한 서비스 덕분에 자리에 드러누운 노인도 병원에 입원하지 않고 자신의 집에서 일상생활을 유지할 수 있다.

2001년 7월, 다양한 재택개호 서비스를 내 눈으로 볼 수 있는 기회를 얻었다. 재택개호센터장인 하세가와 씨가 일본의 노인복지를 책이 아닌 체험으로 배우고 싶다는 내 희망을 듣고 주선해 준 것이다. 우선 하세가와 씨가 소개해 준 홈헬퍼를 따라 다니며 개호 서비스 현장을 돌아보기로 했다. 재택개호센터는 전신마비 노인이 있는 가정마다 간호사나 홈헬퍼를 파견하고 서비스 내용을 정하는 등, 말하자면 지역 재택개호의 사령탑이다.

현장체험을 나선 7~8월은 일년 중 가장 무더운 시기였다. 바깥출입마저 어려울 정도로 눈이 쏟아지는 겨울과는 대조적으로 35도를 오르내리는 날들이 계속되었다. 마을 어디나 펼쳐진 수박밭, 옥수수밭에서는 작물들이 폭염에 시들어갔다. 무더위는 참을성 없는 인간에게는 더욱 가혹했다. 에어컨 바람마저 덥게 느껴지던 그 여름, 나는 파란 자동차에 올라타 야마토마치의 구석구석을 돌아다녔다. 짧은 기간이었지만 홈헬퍼를 쫓아다니는 일은 육체뿐 아니라 정신까지도 고단한 일이었다. 불더위와 익숙하지 않은 작업으로 피곤하기도 했지만 무엇보다 형해(形解)만 남은 육체를 만나는 일이 나를 두렵게 했다. 노인들이 죽음을 맞는 모습은 상상 이상으로 힘들고 비참했다. 사실 수명 연장은 건강하고 젊은 시간의 연장이기도 하지만 동시에 질병과 노추(老醜)의 연장이기도 하다. 질병과 노령으로 지친 육체를 이끌고 묵묵히 죽음을 향하는 모습을 보면서 인생은 언제나 인내를 요구한다는 생각이 들었다. 또 본인의 고통 못지않게 가족이 겪는 육체적, 정신적 피로가 크다는 사실도 이해하게 됐다.

베테랑 홈헬퍼 H씨를 따라 다니는 것으로 현장체험을 시작했다. H씨는 각 가정에 나를 '한국에서 온 견습생'이라고 소개했다. 사실 사생활을 중요하게 여기는 일본인이 네타키리나 치매 노인이 있는 집 안에 외부인을 들이는 일이 쉽지는 않았을 것이다. H씨는 재택개호센터 최고참으로 벌써 25년째 홈헬퍼를 하고 있다. 그 정도면 이일이 지겨울 만도 할 터인데 그는 내년 정년퇴직 이후에도 자원봉사로 노인들을 계속 돌보겠다고 한다.

첫 번째 방문한 곳은 60대 네타키리 노인 G씨의 가정. 현관 옆에 가지런히 놓인 화분, 반짝반짝 윤나게 닦은 마루, 현대적인 부엌 시설 등에서 안주인의 바지런함이 느껴졌다. 잠시 따뜻한 가정에 대한 부러운 마음을 느꼈다. G씨의 방문을 들어서기 전까지는 그랬다.

G씨는 아직 나이가 60대인데도 요개호도(要介護度)* 5인 중증환자였다. 자리에 오래 누워 있은 탓에 욕창도 심하고, 근육경직도 상당히 진행된 상태다. 그런데 계속 무언가 소리를 질러댔다. 하루 종일 소리를 질러서 가족들이 못 견딜 정도란다. 그러나 홈헬퍼는 능숙하게 대처하였다. "오지이상(할아버지), 오늘은 무슨 노래 부르세요?" 하면서 기저귀도 척척 갈고 상처도 치료한다.

재택개호 서비스에는 방문개호와 방문간호의 두 종류가 있다. 방문간호는 욕창 치료나 주사를 놓는 등 의료 행위를 하는 것이므로 간호사의 일이다. 규정이 까다롭고 엄격한 일본 제도에 따르면 욕창에 소독약을 바르고 거제를 붙이는 간단한 일도 간호사가 아닌 홈헬퍼가 하면 규정위반이다. 그러나 야마토마치는 일본의 기준으로는 상당히 융통성이 있는 지역인 모양이다.

---

* 일본은 2000년 실시한 공적개호보험에서 서비스가 필요한 정도를 측정하기 위해 노인의 일상생활 수행능력, 인지능력 등을 살펴서 보살핌이 필요한 단계를 5단계로 지정하였다.

"사이토 선생은 이런 법은 안 지켜도 된다는 군요"라며 홈헬퍼는 비닐장갑을 낀 손으로 약을 덜어 노인의 사타구니 상처에 문지른다. 따뜻한 타월로 얼굴도 깨끗하게 닦고, 까칠하게 자란 턱수염도 깎아준다. G씨의 꺽꺽거리던 소리도 조금 누그러진다. 몸을 단장하니 기분이 좋아진 모양이다. 이 집은 아들내외와 노부부가 함께 산다. 할머니는 허리가 굽었을 뿐 건강해 보였다. 치료하는 동안 거실에서 TV를 보며 연신 담배를 피워대면서 우리 쪽으로는 눈길도 주지 않았다.

홈헬퍼가 G씨에게 식사 대용으로 젤리를 다 떠먹인 뒤 "오늘은 잘 드시네요"하고 말을 건네자 겨우 고개를 이쪽으로 돌린다. 어제 몫의 젤리가 그대로 냉장고에 있는 것을 보고, 홈헬퍼는 환자가 식사를 거부한 것으로 짐작한 것이다. 할머니는 "저래 잘 먹는 걸 보니, 언제 갈래나"하고 혼잣말을 한다. 순간 당혹감을 감출 수가 없다.

일을 끝내고 집을 나와서야 홈헬퍼는 "저 집 할아버지가 젊어서부터 술 행패에 노름으로 할머니를 못살게 굴었대요. 저렇게 된 것도 3년 전 겨울에 술 마시고 길에 쓰러져 폐렴에 걸린 걸, 가족이 방치했답니다. 고열에 시달리는 걸, 우리 의사랑 간호사들이 살려 놓았지요. 가족들은 아예 수수방관합니다"하고 귀띔해주었다.

G씨를 방문하고 돌아오면서 '가족의 보살핌이 항상 좋은 것인가'라는 의문이 들기 시작했다. 만약 이렇게 매일 방문해서 돌보아주는 홈헬퍼가 없었다면, G씨는 어떻게 됐을까? 각 가정을 직접 방문하

기 전에는 '노인 병원이나 노인 시설에 들어가지 않고 가족과 함께 자택에서 생활하는 노인들은 아무래도 다행이다' '가족의 따뜻한 보살핌이 있으니, 노후의 고독과 고통을 조금은 덜 수 있으리라' 는 생각을 갖고 있었다. 그 생각은 맞기도 했지만 틀린 경우도 적지 않았다. 어떤 경우에는 가족과 함께 생활하는 것이 노인 자신에게나, 가족에게나 불행인 경우도 적지 않았다.

S씨(83세)는 8년째 병상에 누운 아내를 돌보고 있다. 뇌졸중으로 쓰러진 아내는 반신마비와 당뇨병으로 침대에서 일어나 앉는 데도 다른 사람의 도움이 필요하다. 거의 하루 종일 침대에 누워 지내는 아내를 위해 S씨는 식사를 떠먹이고 씻기고 용변을 처리하는 등 모든 생활을 돌보아준다. 얼마 전만 해도 부축을 해서 화장실에 갈 수 있었지만, 이제는 그것마저 어려워 기저귀를 채운다. 아내의 똥 기저귀를 처음 갈 때는 참기 어려웠지만 이제는 제법 익숙해져서 "오늘은 우리 아기 똥 색깔이 좋네" 하고 농담을 건네기도 한다.

식사 준비, 세탁, 청소 등 살림 전부도 그의 몫이다. 80세가 넘은 나이에 벅차다. 그래도 그는 "거의 모든 시간을 누워 지내는 다른 환자와 달리, 아내는 치매기가 없고 늘 기분이 명랑한 편이어서 큰 다행"이라고 말한다. S씨는 자리에 누운 아내와 함께 동네사람들 얘기나 옛날 얘기를 주고받으며 살림살이의 고달픔을 잊는다. 그러나 반복되는 가사노동과 테이프 틀 듯 같은 이야기를 되풀이하는 병든 아내에게 진절머리가 날 때도 있다. 이 때문에 일주일에 두 번 집을 방문하는 홈헬퍼가 큰 힘이 된다.

홈헬퍼는 상처를 치료하고 목욕 시키는 일을 해준다. 그러나 이러한 직접적인 도움 못지않게 S씨에게는 홈헬퍼의 존재 자체가 정신적인 지원이된다. 거의 외출을 못하는 S씨에게 홈헬퍼는 마을 소식을 알려주는 소식통이며 여러 가지 일을 상담해 주는 카운슬러다. 쇼핑할 시간이 모자란그를 위해 대신 필요한 물건을 사다주기도 한다. 홈헬퍼가 전해주는 소식은 대개 어느 집 할머니 치매가 심해졌다거나 누가 노인 병원에서 퇴원해집으로 돌아갔다는 등의 일상적인 얘기다. 그러나 그는 이런 이야기를 통해 고립감을 이겨내는 것이다.

S씨 집을 방문했을 때 그는 한국에서 온 견습생을 위해 뜨거운 말차를 내놓고 샤미센을 꺼내 노래를 들려줬다. 오랜만에 손님을 맞아각별한 대접을 한 셈이다. 젊은 시절 바로 옆 마을인 에치고유자와의 관광온천에서 일했다는 그는 그때 익힌 샤미센과 노래 솜씨가 자랑이다. 80대 나이가 믿기지 않을 정도로 건강해 보이는 그는 "내가자리에 누워 남 신세를 지는 것보다 그래도 건강해서 아내를 돌볼수 있어 훨씬 감사한 일"이라고 말했다. 물론 "홈헬퍼가 없었다면 피로와 외로움으로 무슨 일을 저질렀을지 모른다"고 덧붙였다.

데이서비스와 숏스테이

야마토마치에는 재택개호 말고도 노인들의 생활을 지원해주는 서비스가 몇 가지 더 있다. 낮 동안 노인을 시설에서 돌보아주는 데이서비스(Day Service, 한국 주간보호센터에 해당)와 가족이 여행이나 일시적인 질병으로 노인을 돌볼 수 없는 경우 단기간 보호해 주는 숏스테이(short stay)가 대표적이다.

야마토마치의 데이서비스센터 '야이로엔(八色園)'은 종합병원, 노인양호시설과 나란히 있다. 행정업무의 효율을 높이기 위해 가까이 지었다. 한국도 마찬가지지만 일본은 행정부처마다 벽이 높다. 관련된 업무인데도 여기 소관, 저기 소관 하며 밀고 당기는 일이 비일비재하다. 보건복지 분야도 마찬가지여서 몸이 불편한 노인이 약을 처방 받고 이발 서비스를 받기 위해서는 이틀이 필요했다. 그러나 야마토마치에서는 두 가지 일을 한 곳에서 처리할 수 있게 하여, 데이서비스센터를 찾은 노인들이 겸사겸사 병원에 들러 진료도 하고 약을 받아 갈 수 있었다.[1]

야이로엔 원장 오다이라 씨는 50대 여성인데, 몇 번 들락거리다보니 허물없는 사이가 됐다. 늘 따뜻하게 맞아주는 그녀에게 나이와 국적을 넘어 우정을 느낄 정도였다. 나는 울적하거나 공부에 지쳐 말상대가 필요할 때마다 야이로엔을 찾곤 했는데, 덕분에 야이로엔의 일과와 이곳을 찾는 노인들에 대해 꽤 많은 것을 알 수 있었다.

노인들은 희망에 따라 일주일에 한 번에서 두세 번씩 이곳을 찾는다. 집에서 자리에 누운 채 홈헬퍼의 서비스를 받는 노인들과는 달리 외출이 가능한 건강한 노인이 대부분이지만, 침대에 누운 채 이곳에 실려 오는 경우도 있다. 가족은 낮에 노인을 돌봐야 하는 부담을 덜게 되고, 이러한 외출이 노인에게 기분 전환이 되기도 한다. 늘 이부자리에 잠옷을 입고 누워 있다가 오랜만에 외출복으로 갈아입고 집을 나서는 것 자체가 노인에게는 활력이 되는 것이다.

야이로엔은 아침마다 송영(送迎) 버스 5대가 마을 구석구석을 돌며 몸이 불편한 노인을 모셔오는 것으로 하루를 시작한다. 오전은 혈압이나 맥박을 재는 등 간단한 진료를 하고, 차를 마시며 잠깐 잡담을 나누다가 목욕을 한다. 각자의 상태에 맞게 메뉴를 짠 점심식사가 끝나면, 오후에는 낮잠을 자거나 오락을 하면서 시간을 보낸다. 3시가 되면 다시 차와 간식. 정해진 스케줄 틈틈이 노인들의 손을 잡아주고 머리도 만져주고 손톱도 깎아준다. 모든 활동은 노인들의 쾌적한 생활과 재활을 돕기 위해 궁리되었음을 느낄 수 있다.

점심식사를 하고 양치질을 할 때면, 안면근육 마비로 제대로 발음을 할 수 없는 노인에게는 개호사가 특수 양치질을 시킨다. "어제는 손자가 친구들을 집으로 데려왔다"와 같은 내용을 성우가 발음 연습하듯이 한 마디 한 마디 반복하게 한다.

자원봉사자인 내가 맡은 임무는 차를 나르고, 식사와 간식 나누는 일을 거드는 정도였다. 어느 정도 데이서비스센터의 일과에 익숙해질 때 쯤, 목욕도우미를 자청했다. 처음에는 경험이 없는 나에게 일 맡기는 것을 불안해했지만, "어차피 배우러 온 김 선생이 더 많이 배워서 갈 수 있도록 기회를 주자"는 의견이 앞섰다. 내가 할 일은 노인이 옷 벗는 것을 도와주고 목욕을 마친 뒤 타월로 닦아주고 다시 옷 입는 것을 거들어주는 것이었다. 아무리 육체에 대한 자의식이 옅어진 노인이 대상이라고는 하지만 다른 사람의 속살을 보는 일이 마음 편할 리 없었다. 쑥스러운 것을 무릅쓰고 베테랑 개호사들을 보며 눈동냥으로 일했다. 반신마비 노인이라면 마비가 된 쪽의 팔이나 다리를 먼저 벗기고 입힌다. 유방이 처진 할머니는 꼭 유방을 들어올려 닦아드려야 한다. 물기가 남아 있으면 나중에 습진에 걸리기 쉽기 때문이다. 나 자신이 쑥스러운 것은 둘째 치고 할머니들이 기분 나빠하시지 않을까 염려가 앞섰다. 그래도 손녀 같은 내가 열심히 몸을 닦아드리면 기분이 좋으신 모양이다.

제법 일에 손이 익을 때쯤, 한 개호사가 "김 선생, 여기 할아버지도 좀 부탁해" 하는 것이 아닌가? 최근에 세운 노인 시설은 호텔 못지않은 설비를 갖추었지만 이곳은 20여 년 전에 지어서 시설이 낙후하다. 목욕탕과 대기실이 하나밖에 없어서 할머니, 할아버지가 함께 옷을 벗고 입는다. 우리 상식으로는 쉽게 납득이 안 가지만, 혼탕 문화가 아직도 남은 탓인지 이곳 시설을 이용하는 노인 대부분이 80~90대여서 이성에 대한 의식이나 수치심이 없어서인지, 아무튼 모두들 개의치 않는 분위기다. 난처해진 나는 눈을 딴 데로 돌린 채 더듬더듬 옷을 벗겼다. 당황하는 내 모습을 본

다른 개호사들도 "할아버지, 한국에서 온 젊은 여성에게 옷 벗는 걸 도와 달라고 할까요?" 하며 나를 더 궁지에 몰아넣곤 하였다.

야이로엔 자원봉사는 내게 특별한 체험이었다. 평소에 서비스 정신이 부족한 나는 직장은 물론 집에서도 다른 사람을 위해 몸을 움직이는 일이 거의 없다. 오히려 아이들의 자립심을 키운다는 명분을 내세워 '빨래를 개켜라' '식탁을 차려라' 부려먹기 일쑤다. 아이들 간식을 챙겨주는 일도 귀찮아하는 내가 앞으로 노부모를 모시게 되면 어떨지 벌써 두렵기만 하다. 그런데 야이로엔에서는 방금 배터리를 충전한 로봇 인형처럼 이리 뛰고 저리 뛰고 하였다. 그것도 얼굴에 웃음을 잃지 않고. 아! 스스로 가증스럽다는 생각과 함께 이러한 내 이상 행동의 저변을 분석해보았다.

우선 야이로엔에서 노인을 돕는 일은 '자원봉사'를 빙자한 '취재'라는 목적의식이 있었기 때문이다. 노인을 돌보는 일이 내 일이 되면 좋건 싫건 그 일을 열심히 하게 마련이다. 누구나 직업의식을 갖고 있기 때문이다. 둘째는 노인들의 반응이다. 그곳 노인들은 조그마한 친절에도 "고맙다"는 말을 잊지 않는다. 원래 일본 사람은 인사 잘하는 것으로 유명하기는 하지만 상냥한 목소리로 매번 감사해 하는 모습을 대하니 더 힘이 날 수밖에 없다. 그러나 집에서 자녀나 며느리가 시중을 들어줄 때 고맙다는 표현을 하는 사람이 몇이나 될까. 남일 때 주고받는 것이 더 깍듯하고 아름다워지는 것은 아닐까?

야이로엔 송영 서비스에 동행했다가 P씨(82세) 부부를 만났다. 송영 서비스란 몸이 불편한 노인을 시설까지 모셔 오고 데려다 주는 서비스로 주간보호시설에서 필수적인 서비스다. 송영 버스에는 보통 휠체어나 침대를 차에 싣고 내릴 수 있는 리프트가 딸려 있다. 아침에 직원이 두 명씩 팀을 이뤄 가정에서 침대에 누운 노인을 안거나 휠체어에 태워 버스에 싣고, 귀가할 때도 버스에서 내려 방안까지 옮겨준다. 침대에 반듯이 눕히고, 담 제거 장치나 소변기를 채우고 이불을 잘 여며준 뒤 마지막으로 환자의 요청에 따라 TV를 틀거나 전등을 끈 뒤에야 방문을 닫고 나온다. 이들이 내세우는 것이 바로 '방에서 방까지(door to door)' 서비스다.

P씨 부부가 사는 곳은 우시로야마(後山), 야마토마치에서도 가장 오지다. 이름대로 야마토마치 깊숙이 있다. 전 해에 개통된 터널 덕분에 야마토마치와 바로 연결됐지만 전에는 높은 산에 둘러싸여 겨울이면 고립무원이었다고 한다. 터널을 빠져나가자, 벌써 어둠이 내리고 있었다.

마지막 손님(야이로엔에서는 노인들을 손님이라고 부른다. 복지 시설이 서비스 기관임을 강조하기 위해서다)이 바로 P씨 부부다. 할머니는 치매에 네타키리 상태인 요개호도 5, 할아버지는 휠체어를 탄 요개호도 3으로 두 분 모두 상태가 중증이다. 할머니는 가족도 알아보지 못할 정도인데 데이서비스센터가 무슨 소용이 있을까? 나의 부정적인 견해에 대해 야이로엔의 직원은 "그래도 할머니가 외출을 할 때마다 반응을 보인다"고 설명한다.

P씨 부부를 돌보는 사람은 40대인 외아들이다. 읍내 직장에 다니는 그는 부모를 돌보다 혼기를 놓쳤다. 시골에서 교제할 상대를 찾기도 쉽지 않았고 어쩌다 선을 봐도 번번이 늙은 부모를 모셔야 한다는 조건 때문에 퇴짜를 맞았다. 재택개호 시스템이 없었다면 이 아들도 혼자서는 노부모를 모시지 못했을 것이다. 하루에 세 차례 홈헬퍼가 방문해서 노부부의 기저귀를 갈고 식사를 떠먹여 주어서 그는 안심하고 직장을 다닐 수 있다. 두 사람의 개호 서비스에 대해 지불하는 돈은 5만 엔쯤(50만 원 정도). 실제 들어가는 비용의 10분의 1이다. 나머지는 개호보험 재정과 정부 보조이므로 적은 부담으로 부모님을 모실 수 있는 것이다. 아들과 인터뷰하고 싶다는 내 청이 전해져 아들이 직장에서 일찍 돌아와 기다리고 있었다. 무뚝뚝한 아들의 속내를 캐내기는 쉽지 않았다.

필자 : 왜 부모님을 시설로 모시지 않고 힘들게 집에서 모시고 있나?
아들 : 아버지는 우시로야마에서 태어나 한평생 이곳을 떠난 적이 없는
　　　 사람이다. 날마다 저녁 창가에 앉아 해지는 풍경을 바라보는 것을
　　　 그렇게 좋아하는데 어떻게 다른 곳으로 보내겠는가.
필자 : 그러면 부모님은 아들에게 가끔이라도 "고맙다"는 표현을 하시나?
아들 : 면도를 해주면 기분이 좋은지 웃기도 하지만 말은 거의 안 하신다.
　　　 아버지는 고다츠* 앞에 앉아 꾸벅꾸벅 조는 일이 대부분이다.

"부모님 때문에 결혼도 못했는데 원망스럽지 않나" 하는 뻔한 질문은 하지 않기로 했다. 대신 아버지에게 차 한 잔 대접하는 장면을 찍게 해 달라고 부탁했다. 그는 순박한 시골사람답게 갑자기 카메라를 의식하더니, 싱긋싱긋 웃으며 주전자의 물을 컵에 따른다. 아버지에게 잔을 건네주라는 내 주문에 너무나 무뚝뚝하게 아버지의 팔을 휙 낚아채 잔을 쥐어준다. 부모에 대한 그의 감정이 고스란히 느껴졌다. 야마토마치에 데이서비스센터와 재택개호 서비스가 없었더라도 그는 끝까지 효자 노릇을 해낼 수 있었을까?

마음 치유

야마토마치에서도 노인 학대가 일어날까? 만나는 홈헬퍼마다 붙들고 아는 사례를 들려달라고 졸랐다. 모두들 고개를 젓는다. 야마토마치의 치부를 드러내고 싶지 않은 것일까? 노인 학대가 있는 것 자체가 업무능력을 깎아내리는 것으로 여기고 덮어두려는 것일까? 좀처럼 의심을 풀 수가 없었다. 오다이라 씨는 "아무리 제집처럼 드나드는 홈헬퍼라도 집안의 내밀한 사정까지 모두 알 수는 없다. 다만 노인 학대가 있어도 그 정도는 미미할 것이다. 홈헬퍼들이 자리에 누

• 일본 전통의 책상 모양 화로

운 노인의 상태를 늘 살피므로 눈에 드러날 정도의 학대라면 금방 눈치 챌 수밖에 없다. 또 홈헬퍼나 데이서비스센터가 가족의 갈등이 학대로 이어지지 않도록 사태를 조율한다"고 설명한다. 다음의 일화를 보고 그 말을 믿게 됐다.

K씨(85세)는 일주일에 한 번 데이서비스센터를 이용한다. 그날따라 기분이 안 좋아 보이는 K씨에게 직원이 "며느리와 마음 상한 일이라도 있나요?" 살며시 물었다. K씨는 "며느리가 책 읽는 것을 금지했다"고 털어놓았다. K씨의 이야기를 주임인 마리 씨에게 보고하자 마리 씨는 그날 저녁 K씨의 며느리와 통화를 하였다. 사실을 확인하는 것이 먼저인 듯해 조심스럽게 말을 꺼냈다. 금방 질문의 의도를 파악한 며느리는 그 동안의 사정을 설명했다. 손자가 마을 도서관에서 빌려온 그림책을 너무 좋아한 K씨는 책을 옆에 끼고 지냈다. 그러다 보니 책에 음식물이 묻고 귀퉁이가 찢겨 나가기도 했다. 공공자산을 깨끗하게 사용해야 한다는 의식이 너무 강한, 보통 일본인인 며느리는 이 점을 참지 못하고 책을 압수한 것이다. '더 이상 책을 볼 수 없는 것이 K씨에게 얼마나 큰 충격인지' 설명을 들은 며느리는 다음 날 서점에서 K씨가 좋아할 만한 그림책을 사다주어 K씨의 마음을 풀었다.

치매는 크게 뇌출혈이나 뇌졸중으로 인한 뇌혈관 치매, 그리고 알츠하이머 치매로 나눈다. 유전자 이상으로 발병하는 알츠하이머병을 제외하면 나머지는 생활 습관에 의한 노화, 뇌 퇴화에 의한 것이 대부분이다. 뇌 퇴화를 재촉하는 것은 바로 자극 없는 생활, 즐거움 없는 생활이다. 젊은 시절부터 아무런 취미도 없이 오로지 일만 해온 사람이 치매에 걸리기 쉽다. 나이 들어 일을 그만두면 갑자기 모든 것을 잃게 된다. 일 외에는 다른 어떤 것에도 흥미를 갖지 못했기 때문에 새삼스럽게 하고 싶은 일도, 할 수 있는 일도 없는 것이다. 음악을 듣거나 그림을 감상하거나 다른 사람과 교제를 즐기는 일은 젊어서부터 몸에 익히지 않으면 안 된다. 아무런 자극도 새로움도 없는 생활을 계속하면 뇌가 자연히 굳어지게 된다. 게다가 집안에 우두커니 있는 노인에게 가족들마저 말을 걸지 않고 상대해주지 않는다면 노인의 뇌는 급속도로 퇴화한다.

이런 가정은 대부분 일밖에 모르는 가장, 함께 사는 부모에게 늘 부루퉁한 얼굴로 대하는 며느리, 수험 공부나 컴퓨터 게임밖에 모르는 손자손녀로 이루어진다. 가족의 단란함이나 애정이 크게 부족한 문제가정일 수밖에 없다. 또 이러한 문제가정은 대물림하는 것이 보통이다. 고독한 부모를 모시고 외출이나 외식하는 일도 없고, 퇴근하고 다정하게 대화를 나누는 일도 없는 자식들, 출가한 뒤 친정 부모에게 전화 한 통 거는 일 없는 자녀들은 모두 애정이 부족한 부모 밑에서 자란 경우가 태반이다. 노년기의 쓸쓸한 처지는 젊을 때 가족들과 따뜻한 관계를 맺지 못한 본인의 잘못인지도 모른다.

치매상담전문의를 찾은 S씨(63세)는 남편의 부축으로 겨우 걸을 수 있는 상태였다. 의사에게 등을 보이고 앉을 정도로 치매는 상당히 진행된 상태였다. 의사는 남편에게 가족 관계와 평소 생활에 대해 묻기 시작했다.

S씨는 장남이 바로 이웃에 사는데다 딸들도 이웃 마을에 시집가 가깝게 살고 있었다. 언뜻 보기에는 부부가 함께 생활하는데다 '스프가 식지 않을 거리'에 장남 가족이 살고 있으니 다복한 노인이라고 할 만하다. 그러나 실상은 전혀 달랐다. 장남 가족은 몇 발자국 거리에 살지만 부모님을 보러 오는 일은 거의 없었다.

S씨 부부는 젊어서 새벽부터 밤까지 일해 일군 가게를 2년 전 장남 부부에게 물려주었다. S씨는 일밖에 모르는 생활을 해왔으니 달리 생활을 즐길 줄도 몰랐고, 가게를 물려준 뒤 망연자실한 채 시간을 보냈다. 그런데 장남 부부도 가게 말고는 아무것에도 관심이 없는 사람들이었다. 그런 가정 분위기 탓인지 손자손녀도 조부모를 찾아와 살갑게 구는 일이 거의 없었다. 함께 사는 남편 또한 원래 무뚝뚝한데다 밖에서 친구들과는 어울려도 집에서 S씨에게는 거의 말을 걸지 않는다. 함께 수다를 떨 친구가 없을뿐더러 쇼핑에도 취미가 없었다. 가게 일을 그만둔 뒤 유일한 소일거리가 TV보기였는데 최근에는 TV에조차 관심을 잃어가고 있었다.

의사는 S씨의 치매가 가족 책임이라고 진단했다. 알츠하이머 치매와 달리 생활 습관에 의한 노화, 뇌 퇴화에 의한 치매는 주변 환경의 영향이 크다. 가족이 S씨의 고독을 팽개쳐 둔 결과, 뇌의 노화가 급속하게 진행된 것이다.

　의사는 또 "가족과 함께 책임을 물어야 할 사람이 바로 본인"이라고 덧붙였다. 딱한 S씨의 처지는 사실 자신이 초래한 것이다. 젊어서부터 일밖에 모르던 그녀는 아이들과 뒹굴며 놀거나 외출하는 일도 거의 없었다. 가족의 애정이나 배려를 경험해보지 않은 자녀들은 이제는 고독한 부모에게 마음 쓸 줄을 모른다. 이러한 가족의 무관심과 무취미가 노인에게는 치매라는 벌로, 가족에게는 치매 노인을 모셔야 하는 벌로 돌아온 것이다.

　의사가 내린 치료법은 다음과 같다. 장남 부부는 주말이면 S씨를 모시고 외식하거나 외출할 것, 남편은 하루에 짧은 시간이라도 대화할 것, 시집간 딸들은 1주일에 한 번 안부 전화를 걸 것, 또 일주일에 두 번 S씨를 데이서비스센터에 가게 할 것. 데이서비스센터를 이용하는 것은 집에서 혼자 지내는 대신 많은 노인과 어울릴 기회를 주기 위해서, 그리고 가족이 S씨를 돌봐야 하는 부담을 덜기 위해서다.

　내가 S씨를 데이서비스센터에서 만났을 때 그는 여전히 자신을 돌보는 직원을 '어머니'라고 부르고 있었지만, 오락시간이면 함께 공놀이를 하고 어린 시절 부르던 노래를 흥얼거리기도 하는 등 사뭇 달라 보였다.

배리어 프리, 사회의 문턱을 없애다

J씨(78세)의 집을 방문했을 때 나는 새삼 '일본이 잘 사는 나라'임을 실감했다. "무디스가 일본 신용등급을 낮추었다"거나 "인터넷 보급률이나 이용률이 한국보다 뒤떨어진다"는 등 최근 국제 뉴스를 보면, 일본의 국가경쟁력이 떨어지고 있다는 인상을 지우기 어렵다. 이 때문인지 한국에서는 일본을 이제 만만한 상대로 보는 분위기다. 역사적 구원(舊怨) 때문인지, 같은 아시아 국가라는 동류의식 때문인지, 예전부터 한국은 일본을 제대로 평가하지 않으려는 경향이 강하다. 그러나 노인복지 시설을 방문할 때마다 '일본의 부(富)'를 느끼게 된다. 수준 높은 시설과 서비스는 결국 경제력이 뒷받침하기 때문이다. 노인 시설뿐만이 아니다. 턱없이 부족한 한국의 복지 시설이나 장애인, 한부모 가족에 대한 빈약한 사회보장 시스템과 비교하면 부러움은 더 커질 수밖에 없다. J씨의 집에서도 같은 것을 느꼈다.

눈이 많이 내리는 기후 조건 때문에 야마토마치의 주택 구조는 독특하다. 1층 마루를 땅에서 2미터 이상 높여 지은 고상(高床)형인데다 지붕은 눈이 쌓이지 않도록 경사져 있다. 옛날에는 눈으로 출입구가 막히면 2층 창문을 통해 바깥출입을 했을 정도로 눈이 많은 지역이니 주택 구조가 이런 식으로 발달한 것이다.

J씨의 집도 밖에서 보기에는 야마토마치의 여느 주택과 크게 다르지 않았

다. 그러나 집안으로 들어서면서 눈이 휘둥그레졌다. 우선 휠체어를 타는 J씨를 위해 지하(평지가 지하가 된다)부터 그의 방이 있는 2층까지 엘리베이터가 연결돼 있다. 2층 엘리베이터에서 내리면 그의 방까지 문턱이 하나도 없다. 2층뿐 아니라 집안 전체 문턱을 모두 없앴다. 방문도 휠체어가 드나들 정도로 넓다. 현관이나 복도에 손잡이가 설치된 것은 기본. 싱크대와 세면대도 휠체어에 앉은 채 접근할 수 있도록 아랫부분 공간을 비워 놓았다. J씨는 휠체어를 타지만 2층 방에서 1층 거실이나 손자들 방에 드나드는 등 생활에 전혀 지장이 없다고 한다. 집안에 엘리베이터가 있는 건 이 집만이 아니다. 야마토마치만 해도 엘리베이터를 설치하고 문턱을 없앤 집이 십여 가구를 넘는다.

일본에서 일반 가정뿐 아니라 노인 시설이나 병원을 둘러보면 노인 공간에 대해 얼마나 세심하게 연구를 하는지 엿볼 수 있다. 노인 특유의 체취를 없애기 위해 천장을 통해 탈취제와 방향제를 뿜어내는가 하면, 반신마비 노인을 위한 화장실도 오른쪽 마비냐 왼쪽 마비냐에 따라 달리 설계한다. 삶의 공간인 집은 사람의 사고나 기분, 나아가 건강까지 좌우한다. 특히 하루의 대부분을 집안에서 생활하는 노인에게 주택 환경은 절대적이다. 최근 일본 노인용 주택의 경향은 단순히 생활을 위한 장소일 뿐 아니라 네타키리를 예방하고 재활까지 고려하고 있다. 이러한 주거 환경은 노인 본인뿐 아니라 노인을 돌보는 가족에게도 큰 도움이 아닐 수 없다. 벽에 설치된 손잡이는 노인을 씻기거나 옷을 갈아입힐 때 힘을 덜어준다. 또 목욕실에 단 센서는 노인이 오랫동안 움직이지 않으면 바로 다른 방의 가족에게 알려준다.

이렇게 주택을 개조하는 경우, 물론 돈이 적잖이 든다. 집에 엘리베이터를 설치하는 데만 200만 엔 정도 든다고 한다. 개인으로서는 적지 않은 부담이지만 정부에서 보조가 나오므로 주택을 개조하는 가정이 점점 늘고 있다.

고령 사회 대책에서 주택 정책이 차지하는 의미는 크다. 스웨덴은 고령화율이 15%이던 1975년에 주택법을 개정해 새로 짓는 주택은 문턱을 없애고 휠체어가 드나들도록 문을 넓히는 것을 의무로 했다. 이를 배리어 프리(barrier free)라고 한다. 휠체어를 타고 활동할 수 있게 주택을 개조한 덕분에 스웨덴은 다른 고령 국가에 비해 노인 입원률이 아주 낮다.

오늘날 일본은 노인이 활동하는 데 지장이 없도록 주택, 도로, 공공시설을 뜯어고치는 데 힘을 쏟고 있지만 실상은 '주택, 공공시설에 대한 정책은 실패했다'는 말을 듣는다. 워낙 일본 주택이 노인이 생활하기에 불편한 구조인데다 정부의 주택 대책이 너무 늦은 것이다. 1992년부터 노인 가구가 주택을 고치거나 다시 지을 때 생활복지자금을 빌려주기 시작했지만, 융자금 규모는 너무 적고(최근까지 350만 엔) 융자를 위한 심사도 엄격했다. 이 때문에 집안의 문턱이 네타키리를 양산했다는 분석이 과장만은 아니다.

뒤늦긴 했지만 일본도 '배리어 프리'를 위해 최근 부지런히 사회를 뜯어고치고 있다. 도쿄 역 공중화장실만 해도 '문턱 없는 사회'의 일면을 엿볼 수 있다. 휠체어를 타고 화장실에 들어갈 수 있도록 슬로프를 설치하고, 다리가 약한 노인이 몸을 의지하도록 손잡이를 곳곳에 설치했다. 공공시설 엘리베이터에는 노인이 앉을 수 있도록 벽에 간이 의자를 설치한 곳도 많다. 신칸센에는 휠체어 전용차량이 있다. 덕분에 장애노인도 휠체어를 탄 채 기차 여행을 즐길 수 있게 되었다.

이러한 배리어 프리 운동은 노인 활동량이 증가한 것과 관계가 밀접하다. 도쿄도가 1998년 조사한 것에 따르면 지난 10년 동안 노인 인구는 1.6배 늘었지만 외출 횟수는 1.9배로 늘어났다. 노인의 30%가 운전면허가 있으며 25%가 자동차를 갖고 있다. 이는 10년 전과 비교해 10%나 늘어난 수치다. 노인들이 집 밖으로 나오기 시작하면서 이동을 돕는 지원책도 늘어날 수밖에 없는 것이다.

무엇보다 '배리어 프리'는 정부 주요 정책으로 추진되고 있다. 국토교통성은 이전에 주로 고속도로 다리를 건설하던 업무에서 최근에는 지하철 역과 지상 도로를 연결하는 엘리베이터와 에스컬레이터를 정비하는 배리어 프리 사업으로 중심이동하고 있다. 물론 재정적자에 시달리는 정부가 공공사업비 삭감을 추진하면서 국토교통성이 위기에 직면한 배경(전체 공공사업비의 80%를 쓴다)을 무시할 수는 없다. 국토교통성이 재원을 끌어들이기 위해 배리어 프리 사업을 벌인다는 부정적인 비판도 있긴 하지만, 배리어 프리 사업을 그만큼 국가 정책으로 중요하게 여기는 것만은 분명하다.

각 지역에서 주민의 자발적인 참여로 만들어지는 '장애인을 돕는 교통지도'도 배리어 프리 운동의 하나다. 국제교통안전학회 프로젝트로 시작된 이 지도 만들기는, 주민들이 지도에 사고 나기 쉬운 지점이나 주의할 만한 지역을 표시하는 것이다. 자동차 사고가 나기 쉬운 지점은 빨간 동그라미, 자전거에 위험한 곳은 파란 동그라미, 보행자에게 불편한 지점은 흰 동그라미를 각각 그린다. 이 지도를 보면 사고다발 지점이 한 눈에 들어온다. 이 지도는 도로를 이용하는 주민에게는 경각심을 주는 한편, 행정기관의 시정 작업을 위한 지표가 된다. 노인이 다니기 불편한 거리는 장애인에게도 마찬가지로 불편하다. 그러나 정상인은 그것을 체감하기 어렵다. 이 때문에 정상인이 일일 장애 체험을 하는 행사가 여기저기에서 열리기도 한다.

도로와 함께 교통도 고령자의 사회생활을 지원하게끔 개선되고 있다. 대표적인 것이 커뮤니티 버스. 대중 버스는 정류소간 거리가 먼데다 큰 도로만을 달릴 뿐이다. 커뮤니티 버스는 한국 마을버스처럼 작은 골목 안까지 누비고 다니며 노인들의 다리 역할을 한다. 정류소 거리도 대개 200미터다.(노인들이 걷다가 약간 피로를 느끼는 거리가 100미터라고 한다.) 버스 승강대가 낮아서 다리 힘이 약한 노인이 타고 내리는 데 무리가 없다. 한편 도로교통공단에서는 새로운 도로를 닦거나 도시를 설계할 때 지하도나 육교를 없애는 것을 원칙으로 삼고 있다. 계단을 오르내리는 일 없이 지상으로만 이동하는 도시 설계야말로 인구 14% 이상이 노인인 고령 사회를 준비하는 일인 것이다. 물론 횡단보도가 늘어나면 교통 흐름이 방해 받기 쉽다. 교통의 흐름과 횡단보도 배치를 적절히 조절하는 교통 감리가 새로운 기술적인 과제일 것이다.

일본에서 배리어 프리는 이제 하나의 구호가 되었다. 단지 눈에 보이는 문턱을 없앨 뿐 아니라 '마음의 배리어 프리'도 이루자고 말한다. 노인과 장애인 차별을 없애자는 뜻이다. 물론 배리어 프리가 노인이나 장애인의 인권 운동 차원에서 출발했지만 더 실질적인 목적은 고령자 수발 비용을 줄이는 것이다. 노인이 네타키리나 치매가 되면 각 가정의 희생뿐만 아니라 사회 전체가 막대한 비용을 부담해야 한다. 가족이 해체되는 가운데 노인 돌보는 일마저 정부가 떠맡아 세금을 투입하지 않으면 안 되기 때문이다. 노인이 되도록이면 오래도록 건강하고 자립적으로 생활할 수 있도록 지원하는 것, 이것이 배리어 프리의 혼네(本音)*인 것이다.

* '혼네'란 명분을 일컫는 '다테마에'에 반대되는 말로 속마음을 뜻한다.

2장 　　　　　　　　　　30년 걸어온 오래된 미래

앞을 내다보다

1996년 일본에서 공적개호보험 구상이 발표되고 2000년 시행되기까지 야마토마치는 도쿄에서 찾아오는 손님들을 맞느라 분주했다고 한다. 새로운 개호 서비스 시스템을 만들면서 후생노동성 공무원들이 야마토마치를 배우기 위해 자주 찾아온 것이다. 지금도 다른 지방 개호 담당 공무원들이 야마토마치 노인복지 시스템을 견학하기 위해 많이 찾아온다.

　물론 그렇다고 해서 야마토마치를 '노인들의 낙원'이라는 식으로 이상화할 수만은 없다. 야마토마치보다 더 좋은 서비스를 제공하는 곳도 많으며, 야마토마치의 노인 시설보다 더 현대적이고 우수한 시설도 많다. 다만 야마토마치는 전형적인 노인 문제를 껴안은 전형적인 농촌으로서, 노인 부양 문제를 자립으로 극복한 점이 주목할 만하다. 특히 후생노동성 공무원들이 야마토마치에 주목한 것은 이 마을 노인의 평균 입원기간, 1인당 평균 의료비가 전국 평균에 비해 아주 낮다는 점이었다. 1996년 65세 이상 노인환자의 전국평균 입원일수는 63.5일이었는데[2], 야마토마치는 18.4일이었다고 한다.[3]

노인의료비 증가가 고령 사회에서 가장 큰 부담이라는 점, 일본에서 노인의료비를 줄이기 위해 공적개호보험이라는 새로운 제도까지 도입했다는 점을 든다면 야마토마치가 거둔 성과는 아무리 강조해도 모자랄 것이다. 그렇다면 인구 1만 5,000명의 평범한 시골마을에서 이루어낸 이러한 성공의 비결은 무엇일까.

대답은 앞에서 설명했듯이 바로 '재택개호 시스템'에 있다. 노인들이 시설이나 병원에 입원하지 않고 자택에서 생활하는 것이야말로 엄청난 돈을 절약할 수 있는 방법인 것이다. 게다가 '재택개호'의 이념은 인도적이다. '되도록이면 평생 살아온 집에서 낡고 정든 가구와 가족에 둘러싸여 평소와 다름없는 생활을 누리다가 죽음을 맞는 것.' 이것이 바로 노인복지의 근간을 이루는 정신인 것이다.

현재 한국에서 입안된 장기요양보호제도도 재택개호에 역점을 두고 있다고 한다. 이렇게 재택개호가 중요하다면 다른 곳에서도 당장 이런 시스템을 도입하면 되지 않겠는가? 그런데 문제는 이러한 서비스 제공 시스템이 하루아침에 뚝딱 만들어지는 것이 아니라는 점이다. 재택개호 시스템은 시설을 짓는 것으로 끝나는 것이 아니라 홈 헬퍼를 교육해야 하고, 서비스 전달 시스템을 마련하는 등 많은 과제를 안고 있어 단기간에 정착하기 어렵다. 가정마다 사정이 다르고 노인마다 원하는 서비스가 제각각이다. 이런 다양한 수요를 포함해 만족할 만한 서비스를 제공하려면 많은 경험과 노력이 필요하다. 꾸준히 의료, 보건, 복지 인프라를 구축하고 이를 유지하기 위해 자질 있고 사명감 있는 인재를 양성하는 것, 이것이 바로 고령 사회를 맞는 준비다. 야마토마치에서 이러한 시스템을 만드는 데 거의 30년이 걸렸다. 그것도 지역의 노인 문제를 미리 알아채고 이를 준비한 현명한 의사들이 있었기 때문에 가능했다.

야마토마치 얘기를 하려면 30년에 걸쳐 복지 마을 만들기에 전념해온 의사 세 명을 소개하지 않을 수 없다. 도쿄 의대 동문인 사이토 요시오, 구로이와 다쿠오, 곤다이라 다츠지로 씨는 30여 년 전 청년 의사의 패기와 사명감으로 산간벽지를 찾았다. 이들은 겨울이면 이웃 마을과 연락도 두절되는 산골에서부터 이미 고령화를 예감하고, 노인 시설을 짓고 간호사와 개호사 등을 교육하고 다양한 프로그램을 개발해왔다. 이제는 현역에서 물러났지만 야마토마치 성공담이 알려지면서 전국적인 유명인사가 되었다.

야마토마치의 성공담을 얘기하자면 이들과 함께, 70년대 후반 다나카 가쿠에이(田中角榮) 수상의 '일본열도개조론'을 빠뜨릴 수 없다. 니가타 현 출신인 다나카 수상이 중앙집중 권력구조를 견제하기

위해 내세운 '일본열도개조론'은 간단하게 말하면 그동안 낙후돼 있던 지방을 개발하자는 것이다. 물론 다나카 수상의 구상에 숨은 정치적 파워게임이 일본 전체로 볼 때 득이 되었는지, 실이 되었는지 판단하기는 어렵다. 다만 야마토마치가 당시 정치적 특혜를 발판으로 지역 개발에 성공했다는 점에서 행운이라고 하지 않을 수 없다. 또 '복지는 경제의 산물'이라는 명제에 어긋나지 않게 야마토마치의 노인복지를 만드는 데는 이 마을의 경제적 성공도 한몫했다. 농촌에 있어 경제적 성공이란 뭘까? 이 지역 특산물인 쌀을 '고시히카리(コシヒカリ)'라는 고가브랜드 쌀로 상품화한 것이다. 지금부터 인재, 경제, 또 정치적 결정이라는 삼박자가 이루어 낸 야마토마치의 성공에 대해 이야기하도록 하겠다.

청년의사 세 명의 건강마을 만들기

구로이와 다쿠오, 사이토 요시오, 곤다이라 다츠지로. 이들 세 사람은 1960년대 말 함께 도쿄 의대를 졸업했다. 당시는 일본의 학생운동이 도쿄 대학교를 중심으로 절정에 달한 때였다. 학생운동을 통해 사회 참여의식을 갖게 된 이들은 건강을 지키기 위해서는 질병을 치료하는 것 못지않게 사회 병리를 치유하는 것이 중요하다고 믿게 됐다. 그리고 졸업한 뒤 안락한 생활이 보장되는 도회지의 번듯한 병원 대신 정의를 실천할 수 있는 격지 의료를 선택했다.

도쿄 의대에서 연수를 마친 70년대 초, 각자가 선택한 첫 근무지는 니가타 현의 산골 진료소. 구로이와는 함께 학생운동을 하면서 사귄 수학과 출신의 치즈코와 결혼해 니가타 현의 야마토마치로 향했고, 사이토는 야마토마치에서 한 시간 가량 떨어진 오지야로 향했다. 오지야에는 두 사람의 선배인 곤다이라가 이미 자리를 잡고 있었다. 이 세 사람에게 니가타 현은 아무 연고가 없는 곳이었다. 그럼에도 이들이 니가타 현을 선택한 것은 당시 이곳이 일본에서 가장 낙후하여 의료 혜택에서 가장 멀리 떨어진 곳이었기 때문이다. 구로이와 씨는 인터뷰에서 "당시 외부에서 야마토마치로 들어오는 도로는 겨울이면 눈 때문에 두절되기 일쑤였다. 첫 해 겨울은 충분한 의약품을 확보하지 못한 채 겨울을 맞았다. 눈 때문에 며칠이고 의약품을 구하러 갈 수가 없을 때면 급한 환자가 생기지 않기만을 빌면서 조마조마한 마음으로 시간을 보냈던 기억이 난다"고 얘기했다.

이들이 각자 일하는 곳에서 공통으로 부딪힌 문제가 바로 '노인 문제'였다. 진료소를 찾는 사람들 대부분은 노인이었고 이들이 안고 오는 질병도 대부분 고혈압, 뇌경색, 뇌졸중 등 노인성 질병이었다. 사이토 씨는 인터뷰할 때 "도쿄 출신인 나는 니가타 현의 시골마을로 들어오기 전에는 노인 문제에 대해 한번도 생각해 본 적이 없었다. 이곳에 와서야 여기에 사는 사람은 모두 노인뿐인가 하는 생각을 하게 됐다"고 얘기하기도 했다.

노인들을 진료하면서 난감한 문제에 부딪히게 됐다. 이들은 한번 입원을 하면 진료소의 몇 안 되는 침상을 차지한 채 퇴원하기를 거부했던 것이다. 퇴원해서 집으로 돌아가면 가족에게 폐를 끼친다는 이유였다. 농사일에 바쁜 가족들에게 자리에 드러누운 노인은 거추장스런 존재였다. 부모가 몸져누웠다고 해도 농사일이 더 시급했다. 가족들이 할 수 있는 일이라고는 기껏 밭으로 나가기 전에 주먹밥 한 덩어리와 물 한 컵을 머리맡에 놓아두는 일 정도였다. 이러한 이유를 들어 퇴원을 거부하는 노인들 때문에 진료소의 의사들은 골머리를 앓아야 했다.

1973년 5월, 사이토와 곤다이라가 가족과 함께 구로이와가 있는 야마토마치로 나들이를 왔다. 꽃구경 철은 벌써 지났지만 겨울이 긴 이곳에서는 그제야 벚꽃과 개나리가 꽃을 피우고 있었다. 마을을 가로지르는 우오누마 강에서는 아직 군데군데 남은 얼음덩어리들이 갑자기 불어난 계곡물에 실려 떠내려가고 있었다. 우오누마 강에 낚싯대를 드리운 세 사람은 그동안 각자가 겪어온 일들을 털어놓았다.

사이토는 "이대로는 아무리 발버둥쳐도 상황은 더 나빠질 뿐이다. 가족이 돌볼 수 없는 노인 질병을 해결하기 위해서는 새로운 접근이 필요하다"고 토로했다. "혼자서 힘들다면 세 사람이 힘을 합치는 게 어떻겠느냐" 하고 제안한 것은 구로이와였다. 구로이와의 제안으로 세 사람은 야마토마치에 모이게 된다. 말하자면 이들은 야마토마치를 의료 정책의 실험 무대로 삼은 셈이다.

🌿 농촌 대책이 곧 노인 대책

한국 고령화율은 2004년 8.7%에 이른다. 그런데 읍면 단위 시골의 고령화율은 두세 배로 훨씬 높다. 고령화율이 가장 높은 전남 곡성은 22%나 될 정도다. 반면 자녀와의 동거율은 도시보다 오히려 낮은 실정이다. 노인이 결혼한 자녀와 동거하는 가구는 도시가 41.9%, 농촌이 28.0%로 농촌이 훨씬 낮다. 반대로 노인 단독 세대나 노인 부부만의 세대는 도시가 24.6%인데 반해, 농촌은 42.9%나 된다.[4] 시골일수록 대가족을 유지하며 노인들이 가족의 보살핌을 받는다는 것은 드라마 전원일기 속에나 나올 뿐 현실은 크게 다른 것이다. 한국의 노인 문제는 농촌의 노인 문제로 집중돼 있다고 할 수 있다. 이 때문에 농림수산부의 정책 대부분이 농민 대책이 아니라 노인 대책이라는 말이 나올 정도다.

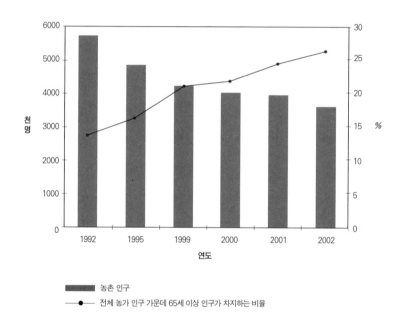

■ 농촌 인구
● 전체 농가 인구 가운데 65세 이상 인구가 차지하는 비율

한국 농촌과 고령화(한국 통계청, 2002년)

예방-치료-재활을 하나로

야마토마치는 유키구니(雪國)로 불리는 곳이다. 오늘날과 같이 고속도로나 철도가 없던 30년 전에는 겨울만 되면 이곳은 완전히 외부 세상과 차단되었다. 당시 니가타 현은 인근 아키타 현, 나가노 현과 함께 일본 전역에서 뇌졸중 발생률이 가장 높은 지역의 하나였다. 뇌졸중은 네타키리가 되는 가장 큰 원인 중의 하나로 주로 노인에게 일어나는 질병이지만 이곳에서는 40~50대에게도 엄습하는 무서운 병이었다.

이곳에서 뇌졸중 발병률이 높은 것은 이곳 사람들의 생활방식과 밀접한 관련이 있다. 겨울이면 할 일이 없어진 사람들은 방안에 틀어박혀 술 마시는 일을 유일한 낙으로 삼았다. 읍내와 왕래가 끊어진 뒤로는 신선한 채소나 생선은 구경조차 할 수 없었다. 식사라고는 겨울 저장식품인 츠케모노*나 미소시루**가 고작. 이렇게 염분 섭취가 높으니 뇌졸중이나 고혈압 발병률이 높은 것이다. 병으로 쓰러지더라도 가족들 모두 농사일에 매달려야 하니 제대로 간호를 받기도 어렵다. 게다가 눈만 내리기 시작하면 치료약조차 구하기 힘들어 발만 동동 구르는 상황이 된다. 당시 야마토마치는 높은 질병 발생률에도 불구하고 의료 혜택에서 완전히 소외된 지역이었다.

* 채소를 소금물에 절인 것으로 일본식 김치라고 할 수 있다
** 일본 된장국

구로이와 씨를 비롯한 두 사람이 야마토마치에서 처음 진료를 시작한 곳은 오늘날 유키구니 종합병원이 있는 자리의 조그만 진료소▪였다. 진료를 통해 주민의 신망을 얻게 된 이들 세 사람은 '단지 찾아오는 환자를 치료해 주는 것만으로는 부족하다'고 보고, 본격적인 '건강마을 만들기'에 나섰다.

이들은 우선 마을을 돌면서 건강 강연회를 열었다. 질병을 예방하기 위해서는 식사습관부터 고쳐야 하기 때문이다. 주민들에게 평소 먹는 된장국과 반찬 등을 갖고 오게 해 염분을 측정해주거나 식생활을 지도하기도 했다. 이러한 순회강연은 주민들이 겨울철 농한기를 이용해 가까운 도시로 돈벌이 나가면 그곳까지 찾아가는 등 열성적으로 이어졌다.

구로이와가 진료소 자리에 종합병원을 세울 것을 구상하기 시작한 것이 1972년. 1972년은 '일본 복지의 원년'으로 불리는 해다. 60년대 말까지만 해도 일본은 모든 힘을 전쟁으로 폐허가 된 생산시설을 다시 일으켜 세우는 일, 즉 경제 회복에 집중하였다. 덕분에 일본 경제는 기적을 이루어나갔다. 1968년에는 도쿄올림픽을 열었고 세 가지 신기(神器, 컬러텔레비전·승용차·세탁기)를 갖고 싶은 서민의 꿈도 이루었다. 그러나 경제 최우선 국가 운영은 환경, 교육, 복지 등 일반 국민의 생활 환경을 뒷전으로 할 수밖에 없었다. 이 결과 일본은 공해병, 열악한 교육 환경 등의 대가를 지불해야 했다. 1970년대에 들어서면서 일본 정부는 서서히 경제 회복에 대해 자신감을 갖게 됐고 남은 힘을 민생에 쏟기 시작한다. 이 과정에서 나온 것이 바로 '복지원년' 선언이었다.

정부의 '복지원년' 선언은 세 사람에게도 고무적인 일이었다. 우선 노인복지법이 개정되면서 노인의료비는 전액 무료가 되었다. 70세 이상 노인이 병원이나 진료소를 찾을 경우 국가가 치료 비용을 대신 내주게 된 것이다. 치료비 때문에 진료소를 찾지 못하던 시골 노인들이나, 밀린 치료비를 받지 못해 병원 운영에 어려움을 겪던 의사에게나 이 조치는 일단 '돈 걱정'을 덜어주었다는 점에서 고무적이었다. 구로이와를 중심으로 종합병원 건축도 순조롭게 진행되었다.

세 사람과 진료소 직원들도 일이 없으면 현장에 가 함께 벽돌을 찍으면서 공사를 서둘렀다. 세 사람은 새로운 종합병원이 단순한 의료시설이 아닌 '예방과 치료를 같이 할 수 있는 장소'여야 한다는 데 뜻을 모았다. 요즘 일본에서 이야기되는 '의료 · 복지 · 보건의 종합화'를 30년 전 야마토마치에서 벌써 구상하였던 것이다. 즉 농촌검진센터(보건)와 재택개호센터(복지)를 병원 바로 옆에 짓고 세 건물이 복도로 이어지게끔 설계하여 검진 센터에서 예방 활동을, 병원은 치료를, 재택개호센터는 의료가 담당할 수 없는 노인 수발을 맡았다. 건물을 하나로 연결한 것은 직원들이 평소 다른 부서를 드나들

---

* 일본에서는 침대가 20개 이하인 개인 병원을 진료소라고 한다.

면서 의사소통을 하고 이를 통해 유기적으로 업무를 수행하도록 하기 위한 것이다.

1975년 건물이 완공되고, 다음 해에는 가족이 돌보지 못하는 단신노인을 위한 특별양호노인홈이 완공되었다. 일단 이렇게 시설을 지은 것으로 앞으로 펼쳐갈 노인의료복지의 뼈대를 완성한 셈이다.

세상과 싸워 꿈을 이루다

배타성이 강한 시골사람들, 특히 보수적인 기질로 유명한 니가타 현 주민들이 외부에서 온 젊은 의사들의 시도를 처음부터 쌍수를 들고 환영한 것은 아니었다. 특히 노인 시설을 만드는 데 보수적인 마을 어른들이 반대하고 나섰다. 노인 부양은 당연히 가족(특히 며느리)의 몫이다. 노인 시설을 만들면 집에서 모셔야 할 노인까지 시설로 떠넘기려고 하지 않겠느냐는 우려가 많았다. 주민이 원치 않는 시설을 만들어 '부모 부양'의 미풍양속을 해치지 말아달라는 것이었다. 방해공작도 적지 않았다.

시설이 완성되고, 서비스가 체계화되었지만 여전히 주민의 저항은 남아 있었다. 데이서비스센터를 이용하는 한 가족은 "이웃이 알면 곤란하니까, 아침에 송영 버스를 집에서 멀찌감치 떨어진 곳에 세워 달라"고 부탁하기도 했다.

건물을 짓고 난 뒤에도 끝이 아니었다. 세부 운영 체계를 세우는 등의 작업이 이제부터의 과제였다. 특히 노인을 위한 재택개호 시스템에서 가장 중점을 둔 것은 예방과 재활이었다. 시설 곳곳에 노인을 위해 손잡이를 만들고 휠체어가 드나들 수 있도록 문턱을 없앴다. 일본에서 모든 공공건물에 배리어프리 정책을 실시한 것이 2000년임을 기억하면 얼마나 앞선 조치였는지 알 수 있다. 혼자서 걷기가 어려워 자리에 누운 노인이나 반신불수 노인에 대해서도 포기하지 않고 일상 활동을 계속할 수 있는 방안을 연구했다.

데이서비스센터 화장실에는 휠체어를 이용하는 노인을 위해 특별 변기가 마련되어 있다. 휠체어를 탄 노인도 혼자서 볼 일을 볼 수 있도록 고안한 것이다. 물론 이 정도는 노인대국 일본에서 어디를 가나 볼 수 있는 광경이다. 그런데 반신불수인 경우에도 오른쪽 마비인지, 왼쪽 마비인지에 따라 이용할 수 있는 변기를 달리하였다. 거울이 달린 각도도, 다른 곳과 다르다. 키가 큰 정상인이 볼 수 있는 높이에 걸린 거울은 휠체어 탄 노인에게는 무용지물이다. 거울 높이를 낮추고, 앉은 자세에서도 잘 볼 수 있도록 각도를 조절했다. 이러한 작은 조치들은 물론 누구 한 사람의 머리에서만 나온 것이 아니다. 의사, 간호사, 개호사 들이 매주 한 번씩 연구회를 열고, 노인들에게 보다 나은 환경과 서비스를 제공하기 위한 방안을 놓고 토론을 하는 가운데 이루어진 것이다.

사이토 씨는 "무엇보다 간호사나 개호사들이 사명감을 갖고 일해

준 것이 큰 도움이 됐다"고 얘기한 적이 있다. 사실 노인을 돌보는 일은 보수가 높은 일도, 편한 일도 아니다. 어쩌면 가장 어려운 일 가운데 하나인지도 모른다. 사이토 씨의 말을 들으며 언젠가 한 개호사가 한 말이 새삼 떠올랐다. "노인이 자기 의사를 표현하지 못해도 표정을 보면 감정을 알 수 있어요. 죽음을 앞두고 자신의 몸에서 어떤 일이 일어나는지를 알지 못하는 치매 네타키리 노인이라도, 깨끗한 기저귀를 갈아주고 따뜻한 물로 씻겨주면 기분 좋은 표정을 짓습니다. 그러니 아무렇게나 대할 수 없지요." 그는 자신의 일에 대해 "인간으로서 조금이라도 편안하고 존엄성 있는 생활을 할 수 있도록 도와 줄 뿐"이라고 말했다.

사이토 씨는 또 "정상인의 기준으로 몸이 불편한 노인의 사정을 이해하기 어렵다. 그저 머리 속으로 이런 점들이 문제일 것이라고 짐작을 하는데, 아무리 상상력이 풍부한 사람이라도 실제 노인들이 일상에서 겪는 고통이나 어려움을 다 알기는 어렵다"고 덧붙였다.

1985년에 함께 한 휠체어 부대의 오키나와 여행은 이런 생각을 확인해주는 여행이었다. 야마토마치에서 휠체어 생활을 하는 열 명 남짓한 장애노인과 직원들이 함께 오키나와 여행을 다녀온 것이다. 그는 "정말 대단한 여행이었다"라며 흐뭇한 웃음을 지었다. 오키나와는 일본인 누구나 한번쯤 가보고 싶어 하는 최고의 관광지다. 그러나 일본 열도 최남단에 있는 오키나와는 건강한 사람도 큰 맘 먹어야 갈 수 있는 벅찬 여정이다. 휠체어 부대는 이에 도전함으로써

'우리도 할 수 있다' 는 걸 보여주고자 했다. 또 이 사회가 몸이 불편한 사람을 얼마나 소외하는지를 고발하는 것도 하나의 목적이었다.

출발부터 떠들썩했다. 야이로엔 측으로부터 미리 연락을 받은 신칸센 우라사 역에서는 이들이 1분 정도의 짧은 정차 시간 동안 열차에 무사히 올라 탈 수 있도록 전 직원이 대기하였다. 요즘에는 신칸센에 휠체어를 고정할 수 있는 장치가 있어 휠체어를 탄 채 기차 여행을 할 수 있지만 당시에는 이러한 장치도 없었다. 이 때문에 차에 올라타고 내릴 때마다 직원들이 네타키리 노인을 안아 올리고 내려야만 했다.

우라사 역에서 도쿄 역, 복잡하기 이를 데 없는 도쿄 역에서 하네다 공항으로, 공항에서 오키나와 행 비행기를 타고 오키나와에 도착해서 호텔 방에 짐을 풀기까지, 멀고도 험한 하루였다. 그날 직원들은 땀으로 흠뻑 젖었다. 호텔에 도착해서 겨우 한숨을 돌리려는데 새로운 장애가 나타났다. 실내에서는 휠체어로 이동할 수 있겠거니 했는데 웬걸, 일본 호텔의 특색이 객실 바닥보다 화장실이 높고 문턱이 높은 것이다. 이 때문에 장애노인들은 용변을 보기 위해 다시 직원들을 불러야만 했다.

그 여행에서 돌아온 뒤 사이토 선생은 한 신문에 기고문을 썼고, 장애인과 노인들을 좌절하게 하는 문턱 이야기로 사회적 관심을 불러일으켰다.

노인이 된 청년의사와 만나다

세 사람은 야마토마치를 복지 실현의 무대로 삼았지만 작은 울타리 안에만 머물지 않았다. 이들은 농촌의 노인 문제, 야마토마치의 실험을 정부나 미디어에 알리는 일에도 적극적이었다. 원래 글쓰기와 토론을 좋아하는 구로이와나 사이토 씨 곁으로 사람들이 모여든 것도 이상한 일은 아니다. 이들이 마을을 열심히 홍보한 것은 하나의 실험이 다른 곳으로 전파되기를 바랐기 때문일 것이다. 아무튼 이들이 야마토마치로 인해 전국적인 유명인사가 된 것만은 사실이다. 또 나를 이들과 만나게 해 준 것도 그 유명세 덕분인지도 모르겠다.

구로이와 선생을 만난 것은 야마토마치에 도착한 지 2개월째 되던 5월, 니가타 시의 한 자원봉사단체 취재가 계기였다. 시아버지를 돌보면서 가족 개호의 어려움을 절실히 깨닫고 결국 자원봉사자를 모으기 시작했다는 이 단체 대표는 "야마토마치의 구로이와 선생을 만나 보았느냐"고 물어왔다. '등잔 밑이 어둡다'는 말처럼 아직 야마토마치에 대한 정보가 부족해서 미처 몰랐지만, 고령자 복지와 지역 의료 발전에 평생을 몸 바친 구로이와 선생은 전국적인 유명인사였다. 그뿐 아니라 그의 부인과 장남까지 유명인사다.

구로이와와 결혼하면서 고등학교 수학 선생을 그만 두고 함께 산골에 온 아내 치즈코는 평생 마을 복지에 매달려 왔다. 운동권이던 그녀가 지역 문제에 관심을 갖게 된 것은 당연한 일인지도 모른다.

노인 문제에 매달리는 남편과 달리 그녀는 주로 아동 문제, 여성 문제에 힘을 쏟았다. 장남 다카히로를 비롯해 자녀 일곱을 차례차례 낳아 기르면서 보육원 보모 일을 계속 해온 그녀로써는 이 문제야말로 바로 자신의 문제였기 때문이다.

그녀가 자민당 비례대표로 참의원(국회의원, 상원에 해당)이 된 것은 2001년. 원래는 1995년 참의원 선거에 신당 사키가케 소속으로 도쿄 선거구에서 입후보했으나 떨어졌다. 2001년 도모토 요시코 의원이 지바 현 주지사 선거에 입후보하자 남은 임기를 물려받은 것이다. 1995년 선거 당시 슬로건은 "자녀 일곱 명을 낳아 기른 여성, 국회로 향하다"였다. 선거전에서 내건 공약이나 짧은 의원 기간 동안 다룬 문제도, 히키코모리, 등교 거부아, 장애인 인권 등이었다.

구로이와 부부는 자녀에게도 자원봉사 등으로 다른 사람을 돕는 삶을 살도록 가르쳤다. 장애인이 운영하는 장애보조기구 생산회사에서 일하다가 선거참모 역할을 했던 장남 다카히로는 2002년 니가타 현에서 중의원(하원에 해당)으로 당선됐다. 최연소 국회의원으로 당선된 것이다. 딸인 미하에는 한국 나환자촌에서 다리와 집을 건설하는 일에 자원봉사로 참여하기도 했다.

취재를 끝내고 돌아오자마자, 구로이와 선생의 진료소 주소를 알아내 인터뷰를 신청했다. 그는 마을 중심가에서 진료소와 함께 데이서비스센터, 치매노인그룹홈 등을 아우르는 재단 '모에기엔(萌氣園)'을 운영하고 있었다. 약속 시간에 맞춰 진료실을 찾아갔다.

수더분한 시골 의사를 기대했는데 구로이와 선생은 연녹색 셔츠에 멋진 넥타이를 맨 노신사였다. 일본인의 평균수명 증가 현상과 일본 의료 사정에 대한 예리한 분석 등을 들을 수 있었다. 몇 차례에 걸친 인터뷰를 통해 그의 회한도 느낄 수 있었다. 야마토마치에 인생을 걸었던 구로이와 선생은 1995년 야마토마치 자치단체장 선거에 출마했지만, 기대와는 달리 근소한 차로 지고 말았다. 의사와 정치가에 대한 사람들의 기대가 달랐던 건지, 보수적인 마을 사람들의 정서에 선생의 생각이 너무 혁신적으로 보인 건지 모르지만, 그가 당시 마을 사람들에게 느꼈을 배신감은 상상할 만하다. 선거에 입후보하기 위해 병원장 자리를 내놓았던 그는 낙선하고 개인 진료소를 내면서 다시 의사의 자리로 돌아왔다. 유키구니 종합병원은 구로이와 선생의 뒤를 이어 사이토 선생이 병원장을 맡았고, 곤다이라 선생은 건강검진센터를 책임졌다.

선생은 진료소에 이어 데이서비스센터, 특별양호노인홈, 치매노인그룹홈 등을 차례로 열었다. 말하자면 정부 주도의 노인복지 분야에 개인 자본이 진출한 셈이다. 할머니들에게 인기가 많은 구로이와 선생이 개인 진료소를 열면서 환자들이 그쪽으로 가버렸다고 유키구니 병원 측이 농담을 하곤 하지만, 오히려 관(官)의 매너리즘을 깨뜨릴 수 있는 건전한 경쟁 상대가 생긴 것을 환영하는 편이다. 비록 지역 자치단체장이 되려는 꿈을 접어야 했지만 구로이와 선생은 여전히 야마토마치의 복지 모델을 전국에 알리고, 주민의 건강을 돌보는 데 전념하고 있다.

　카리스마가 강한 구로이와 선생과는 달리, 사이토 선생은 술을 좋아하고 우스갯소리로 직원을 편하게 하는 타입이었다. 사이토 선생은 정년을 몇 년 남기고 "이제 놀고 싶다"며 명예퇴직을 하였다. 그리고 도쿄에 살면서 일주일에 이틀은 유키구니 병원에서 진료하였는데, 그 이틀 가운데 한 시간을 한국에서 노인복지를 공부하러 온 기자에게 내주었다. 구로이와 선생과의 만남이 접견실에서 이루어진 공식 인터뷰라면, 사이토 선생과의 만남은 선술집에서 허물없이 주고받는 대화 같았다. 짧은 일본어로 더듬더듬 질문하는 나에게 그는 이런 저런 우스갯소리를 섞어가며 일본 복지 정책, 노인 문제, 야마토마치가 걸어온 길에 대해 들려주었다.

　"30여 년 동안 노인과 그들 가족 사이를 오가며 살다 보니 어느새 나 자신이 노인이 됐다. 이제 와서 보니, 노년기는 역시 인생의 내리막길이라는 것을 알겠다. 그러나 어떤 이에게 그 내리막길은 금방이라도 앞으로 꼬꾸라질 듯한 급경사 내리막길일 터이고, 또 어떤 이에게는 오르막길보다 편안한 내리막길이기도 할 것이다. 의사가 할 일은 노인들이 내리막길을 천천히 내려가도록 도와주는 것이 아닐까. 그러나 그것만으로 부족하다. 내리막길이 즐거운 산책길이 되도록 길을 가로막은 장애물도 치우고, 주변 풍경도 가꾸는 것이 우리의 할 일이라고 생각했다. 그러나 그 일이 쉽지 만은 않았다."

"지역 복지는 승리 없는 싸움이다." 사이토 선생이 내린 결론이다. 제한된 자원과 지역주민의 인식 부족 속에서 노인복지 실현을 향해 30여 년 동안 달려온 데 대한 자부와 회한이 섞인 말이리라. 그러나 환자 치료만으로 만족하지 않고, 의료와 복지를 연계해 주민들의 생활과 삶을 바꾸고자 한 이들 청년의사 세 명의 헌신이 바로 30년이 지난 오늘날 '야마토마치 시스템'을 만들어 낸 것은 분명하다.

경제와 정치의 영향

눈과 고시히카리   야마토마치 사람들에게 눈은 빼놓을 수 없는 삶의 조건이다. 가와바타 야스나리가 쓴 『설국(雪國)』의 무대가 된 곳도 바로 야마토마치의 이웃 마을인 니가타 현 에치고유자와다. 온천과 스키장이 있는데다가 도쿄에서 신칸센으로 1시간 30분 거리에 있어 주말마다 사람들로 북적거리는 유명 관광지다. 야마토마치는 에치고유자와에서 신칸센으로 5분 거리다. 깊은 계곡과 가파른 산등성이를 끼고 기차가 달리다 보면 눈에 파묻힌 마을들, 계곡을 타고 하얗게 피어오르는 온천 수증기가 눈앞에 펼쳐진다. 사무치게 아름다운 풍경이다.

에치고유자와와 야마토마치 일대는 세계에서 강설량(降雪量)이 가장 많은 지역이다. 1997~98년 야마토마치의 강설량은 853센티미터, 적설량(積雪量)은 170센티미터에 달했다. 적설량으로 따지면 시베리아나 북극이 더 하겠지만, 하늘에서 쏟아지는 양으로 따지면 이 동네가 한 수 위다. 동해를 지나면서 잔뜩 수증기를 머금은 시베리아 북동풍이 일본 북동해안 산맥을 넘으며 기온이 급강하하고, 산맥이 끝나는 지점인 바로 이 지역에 결빙한 계절풍은 품고 온 눈을 쏟아놓고 가는 것이다. 이렇게 특수한 기후 덕분에 야마토마치에서 나는 평생 봐온 눈을 합친 것보다 더 많은 눈을 보았다. 무엇보다 스키는 원 없이 탈 수 있었다. 집에서 자동차로 10분 거리인 스키장에 아침 일찍 도착하면 산 하나가 모두 내 것이 된다. 이렇게 스키를 즐긴 것은 좋았지만 겨울이 깊어지면서 눈에 진저리가 나기 시작했다.

진눈깨비가 쉴틈없이 쏟아지는 날이 며칠이고 계속되다 보면 기분도 함께 저기압으로 변해간다. 시야가 막힐 정도의 폭설이라면 밖에서 할 수 있는 일은 아무 것도 없다. 고다츠 안에 발을 집어넣고 좋아하는 소설책을 읽는 재미도 잠깐, 노인네들처럼 대낮부터 술이라도 마실 수는 없는 일 아닌가. 고작 할 수 있는 일이라곤 이웃집에 가서 수다를 떠는 일이다.

집 현관에서 차고까지 가는 동안에도 머리 위로 소복하게 눈이 쌓인다. 이런 날씨면 낮에도 자동차의 헤드라이트를 켜고 달려야 한다. 다행히 이곳 도로들은 기상 조건에 적합한 시스템을 갖추어 운전 걱정은 안한다. 도로 중앙에 관을 묻고 지하수를 끌어올려 도로 밖으로 뿜어내면 따뜻한 지하수가 지면의 눈을 모두 녹여버린다. 야마토마치의 거의 모든 도로, 심지어 우리 집 현관에서 차고까지의 좁은 길에도 관이 묻혀 있어서 아무리 눈이 쏟아져도 도로 위로 눈이 쌓이는 일이 없다. 또 제설차가 하루에 두 차례씩 다니면서 남은 눈을 치운다. 인구 1만 5,000명에 불과한 이곳에 매년 제설 비용으로 얼마나 들까? 도로 상태가 좋아도 나들목이나 갈림길에서는 조심해야 한다. 길 양편에 쌓인 눈에 가려 다른 쪽에서 달려오는 차를 보지 못하기 때문이다. 도로 양편에 쌓인 눈은 보통 2미터에 달한다. 이 눈은 겨울이 끝나는 3월에나 서서히 녹기 시작해 4월, 음지인 경우는 5월까지 그대로 쌓여 있다.

눈을 헤치고 이웃집에 도착한 나는 요시에 상에게 따뜻한 차를 대접받았다. 나보다 두 살 위인 그녀는 "눈은 우리에게 참을성을 길러주는 하느님의 도구"라고 말한다. 외지인에게 '설국'은 문학적 감수성을 세례하고 겨울철 날렵한 스키어를 길러내는 훈련장이지만, 바로 이곳에서 나고 자란 사람들에게는 혹독한 곳이 아닐 수 없다. 가혹한 겨울을 이겨야 하므로 이곳 사람들은 '인고(忍苦)'에 길들여져 있다. 이곳에서 가장 자주 듣는 말이 바로 '가만수루(참는다는 뜻)' '신보(인내심이라는 뜻)'라는 사실이 우연은 아니다.

야마토마치의 풍부한 자연이 주는 선물은 참을성만은 아니다. 또 다른 선물은 바로 야마토마치와 인근 지역에서 생산되는 쌀, 일본 전국에서 가장 맛있고 가장 비싼 값에 팔리는 '고시히카리'다. 5킬로그램에 5,000엔(5만원 가량), 보통 쌀의 두 배 가격이다. 그러나 그

가격이 전혀 아깝지 않다. 갓 지어놓은 고시히카리를 한 술 뜨면 갸름한 타원형 쌀 한 올 한 올에 하얀 윤기가 조르르 흐른다. 밥 싫어하는 나도 고시히카리로 만든 주먹밥만은 거부할 수 없었다.

고시히카리가 맛있는 이유는 바로 눈 때문이다. 겨울에 2~3미터씩 쌓인 눈이 땅 위에서 완전히 사라지는 것은 5월을 훨씬 넘기고서다. 조금씩 녹은 눈이 땅 속으로 스며들면서 냉기가 벌레 자라는 것을 막는다. 눈이 바로 천연 방충 역할을 하는 것이다. 눈 덕분에 잘되는 농사는 쌀뿐만이 아니다. '야이로 수박'이라는 이 지역 수박은 여름철이면 TV의 '내 지방 특산물' 코너에 소개되는 명물이다. 여름이면 다른 지방에 사는 친지에게 야이로 수박을 배달하려는 주민을 위해 우체국이 택배 서비스를 실시하기도 한다.

'고시히카리'는 세계 최대 강설량이라는 지역적 특성도 주효했지만, 고가 브랜드로 만든 것은 역시 사람의 힘이다. JR(일본 농협)과 협력해 최첨단 도정 기계를 사들이고, 각 농가에서 실어온 쌀을 일일이 품질 검사하여 수준을 유지하며, 다양한 홍보 수단을 통해 '고시히카리'라는 브랜드를 선전해 왔다. 이렇게 만들어낸 고시히카리 덕분에 야마토마치의 소득 수준은 일반 농가 소득의 두 배에 가까울 정도로 높다. 야마토마치의 몇 집을 방문해 본 나는 겉으로 드러나는 검소와는 다른 부와 윤택을 엿볼 수 있었다.

불리한 자연 조건에서 최고의 농작물을 생산해낸 힘, 높은 가계 소득이야말로 야마토마치의 수준 높은 복지를 가능케 한 배경이다.

사실 국민에게 수준 높은 복지 서비스를 제공하기 위해서는 경제가 바탕이 되지 않으면 안 된다. 복지 시설을 짓고 이를 운영할 인력을 교육하고 새로운 프로그램을 도입하는 것, 이 모두에는 돈이 필요하다. 세계 최고의 복지국가 스웨덴의 경우도 마찬가지다. 스웨덴은 제2차 세계대전 당시 중립을 지켰다. 덕분에 다른 유럽 국가들과는 달리 생산 시설의 파괴를 피할 수 있었고 전후 미국에 이어 두 번째의 경제 대국으로 도약한 것이다. 이러한 경제력을 토대로 국민연금제도와 의료보험제도를 완성할 수 있었다. 슈뢰더 총리가 추진하는 복지 개혁으로 온 나라가 시끄러운 독일도 마찬가지다. 라인 강의 기적에 힘입어 국민연금제도, 의료보험제도를 정착시켰고 1995년에 세계 최초로 공적개호보험을 실시했다. 의료보험·연금보험의 재정 악화로 복지 개혁에 착수하기는 했지만, 햇빛이 우울증 치료에 좋다며 플로리다로 이민 간 퇴직자에게 지금도 꼬박꼬박 연금을 부쳐 주는 나라가 독일이다.

야마토마치는 바로 이런 복지와 경제의 상호 관계를 보여주는 좋은 모델이다.

일본열도개조론 　인구 1만 5,000여 명인 작은 시골마을 야마토마치에 신칸센 정차역이 들어서기로 결정된 것은 1973년. 이듬해 허허벌판에 공사를 시작했고 1982년에 완성하였다. 신칸센이 개통되어 야마토마치에서 도쿄까지 240킬로미터의 거리는 1시간 40분으로 줄었다. 겨울이면 고립무원 오지였던 이곳에 이제는 도쿄에서 스키 손님이 몰려오는가 하면, 여기에 살면서 도쿄 직장까지 출퇴근하는 주민들도 있다. 주말마다 도시에 사는 자녀가 나이든 부모를 찾아오는 '원거리 수발'도 가능해졌다. 야마토마치에 있어서 신칸센 역은 바로 지역 발전의 상징인 셈이다.

신칸센 정차역인 우라사 역 앞에는 한 사람의 동상이 멋진 폼으로 마을을 내려다보고 있다. 1972년 7월에서 1974년 11월까지 재임한 다나카 가쿠에이 수상이다. 이 동상 앞을 지나는 야마토마치 사람들의 눈길에는 아직도 따뜻함이 담겨 있다. 그도 그럴 것이 야마토마치가 오늘날과 같이 '살기 좋은 마을'이 되는 데 결정적인 역할을 한 사람이기 때문이다. 일본 정치사에서 다나카 수상이 차지하는 비중은 상당하다. 사실 그는 좋은 영향보다 나쁜 영향을 더 많이 미쳤다. 그도 그럴 것이 다나카 수상이라고 하면 록히드 스캔들[5]의 주인공으로서 대표적인 금권 정치가이며, 이권 정치의 상징으로 여겨지는 인물이다. 그러나 한편으로는 밑바닥에서 최고 권력의 자리에 오른 자수성가형 정치인으로 '서민의 우상'이라는 점도 부인하기 어렵다.

다나카 수상은 니가타 현 출신으로 야마토마치 바로 옆 마을에서 태어났다. 초등학교를 겨우 졸업하고 건설회사에 취직해 도쿄로 온 그는 특유의 뚝심과 실행력으로 건설업계에서 입지를 다진다. 이렇게 농촌이 다나카 수상의 지역적 지지기반이라면, 그에게 정치자금을 조달한 것은 그가 한때 몸담은 건설업계였다. 그의 금권정치도 지방에 다리 · 도로 · 철도 등 대형 공공사업을 수주하도록 건설업계를 밀어주고 이권을 챙기는 식이었다. 그의 금권정치 행태에는 당시 고도 경제성장을 향해 질주하던 시대 분위기도 한몫했다. 이런 배경을 가진 그가 수상이 되자마자 주요 정책 과제로 밀어붙인 것이 바로 '일본열도개조론'인 것이다.

'일본열도개조론'은 다나카가 통상대신일 때 구상한 것이다. 수상에 취임하기 1년 전인 1971년 7월, 다나카는 자민당 간사장에서 통상대신으로 자리를 옮겼다. 통상성이 대도시에 집중한 공업을 지역에 분산하는 '공업 재배치 계획'에 착수한 때다. 다나카는 '20년에 걸쳐 국토 개발에 매달려온 내가 공업 재배치를 비롯해 국토 개발을 집대성한다면……' 하고 의욕을 과시했다. 통상성을 중심으로 전국 산업 재배치 계획이 만들어지는 것을 보면서 다나카는 수상 경선에 나선다. 그리고 정치적 비전을 내보일 새로운 정책 구호로 '일본열도개조론'을 내세운다. 선거 2주 전인 1972년 6월에 그의 이름으로 출판된 『일본열도개조론』은 발매와 동시에 폭발적인 관심을 모았고, 다나카 내각이 탄생한 7월 초순에는 10만 부를 돌파, 최종 판매 부수가 90만 부에 이르렀다.

그는 이 책에서 "메이지 100년을 경계로 도시 집중의 장점이 단점으로 변했다. 국민이 지금 무엇보다 원하는 것은 과밀과 과잉의 폐해를 해소하고, 아름답고 살기 좋은 국토에서 풍족하게 생활하는 것이다. 이를 위해 도시 집중의 흐름을 대담하게 전환해, 민족의 활력과 일본 경제의 건강한 힘을 일본열도 전역에 펼치는 것이 필요하다. 전국에 신칸센과 고속도로를 건설하고, 정보통신 네트워크를 형성한다면 도시와 농촌, 앞서가는 일본과 뒤처진 일본의 격차를 없앨 수 있을 것이다. …… 일본열도 개조야말로 정치의 가장 중요한 과제다'라고 말했다. 다나카는 수상이 되자마자 '일중국교정상화'와 '일본열도개조론 실행' 등을 국민에게 약속한다. 이후 두 과제는 다나카 내각이 추진한 정책의 양대 기둥이 되었다.

일본열도개조론은 '도시와 농촌 격차 해소'라는 명분과는 달리 결과적으로는 일본 정치경제사에 부정적인 유산을 남겼다. 일본열도개조론이 발표되면서 일부 지역의 땅값이 급격히 오르고, 인플레로 물가 또한 급등하였다. 또 그의 적극적인 재정금융 정책은 일본 경제를 과열로 몰아갔다. 한편 정치권에 미친 영향도 이에 못지않게 부정적이다. '도로족' '교육족' '후생족'이라고 불리는 일본 국회의원들은 대부분 특정 업계의 후원을 받고 그 이익을 대변해 주는 정경유착 관계, 즉 파벌에 속해 있다. 그런데 이러한 이권 정치를 뿌리내린 장본인이 바로 다나카 수상인 것이다.

이렇듯 국가적인 차원에서 바라보는 다나카 수상과 야마토마치 입장에서 바라보는 다나카 수상의 간극은 크다. 사실 어느 나라나 도시에 비해 시골이 개발에서 소외되는데, 일본은 도시와 농촌의 간격이 그래도 덜한 편이다. 야마토마치와 같이 산업과 복지 시스템이 유기적으로 정착한 지역인 경우 주민들의 삶은 대도시보다 훨씬 쾌적하다. 일본열도개조론은 부정적으로 보자면 정치와 경제의 결탁에 지나지 않지만, 한편으로는 대규모 공공사업을 통한 지역 개발이라는 공공적 측면도 무시하기 어려운 것이다.

　어려운 시절을 극복하고 수상까지 오르는 과정에서 형성된 비틀린 출세지상주의, 또 자신의 힘을 불리는 과정에서 금권주의의 상징으로 낙인찍힌 것은 그의 비극이다. 그러나 고령 사회에서의 농촌 지역 문제를 염두에 둔다면, 중앙과 지방의 분배 문제를 제기한 정치가로서 그를 눈여겨 볼 필요도 있지 않을까?

3장   길 은 이 제 시 작 이 다

　'지역공동체 노인복지'의 모범으로서 야마토마치를 살펴보았다.
노인 부양 문제를 가족에게 일임해서도 안되지만 가족이나 지역 사
회로부터 격리해 시설에 떠넘기는 것 또한 해결책은 아니다. 따라서
'가족-지역공동체-행정'의 역할분담으로 이룩한 '야마토마치 모델'
의 의의가 클 수밖에 없다. 야마토마치의 복지 마을 만들기 30년을
살펴보면서 질 높은 복지 서비스를 지역주민에게 제공할 수 있었던
경제적 토대와 중앙-지역의 격차를 줄이는 데 기여한 행정의 역할까
지 함께 얘기했다.

　'야마토마치'는 한국 농촌의 노인 문제와 관련해 시사하는 바가
크다. 주민의 70~80%가 65세 이상 노인인 한국의 농촌은 도시의
자식으로부터도, 정부로부터도 버림받은 실정이다. 부엌 아궁이에

불기가 꺼진 지 오래된 독거노인의 참상은 한국에 있어서 노인 문제가 얼마나 심각하게 다가오고 있는가를 보여주는 예고다. 다행히 지방자치체, 정부가 관심을 갖기 시작했고 노인복지 전문가들의 열정으로 공적인 장기수발 서비스를 위한 제도가 준비되고 있다. 그러나 재정과 시설은 턱없이 부족하고, 전문가에 대한 교육이나 처우 문제 등은 열악하기 그지없다. 사정이 이렇다 보니 당장 2007년 공적장기요양보호제도 시행을 앞두고도 넘어야 할 산이 많다. 가족과 노인이 외부 서비스에 대해 제대로 알고 신뢰할 수 있도록 하는 것, 지나친 예산 확대로 국민 부담이 늘어나 부작용이 심해지지 않도록 하는 것, 이 모든 우려에 대한 구체적인 대책이 있어야겠다.

앞으로 모색해야 할 것은 한국의 경제적 현실에 적합하면서도 국민에게 편안하고 존엄을 잃지 않는 노년을 보장하는 인간적인 복지 시스템일 것이다. 가족과 공적 책임의 조화, 현실 적합한 모델이라는 점에서 다시 논점은 '재택개호 시스템'으로 돌아갈 수밖에 없다. 야마토마치를 통해서 얘기하고자 한 것도 바로 이 점이다.

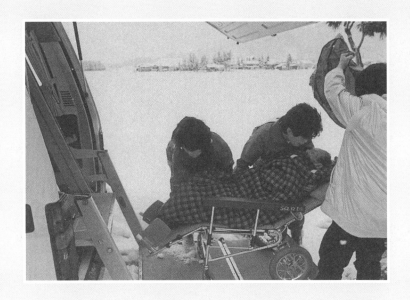

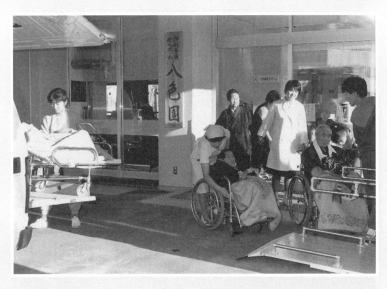

휠체어를 타거나, 자리에 누운 상태에서도 노인들은 '문에서 문까지' 실어 나르는 데이서비스센터의 송영 서비스 덕분에 외출을 즐길 수 있다.

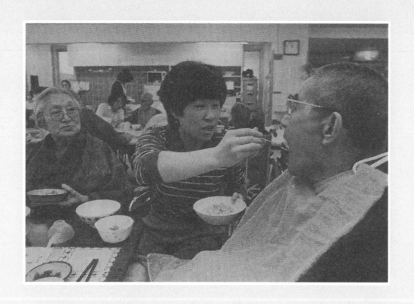

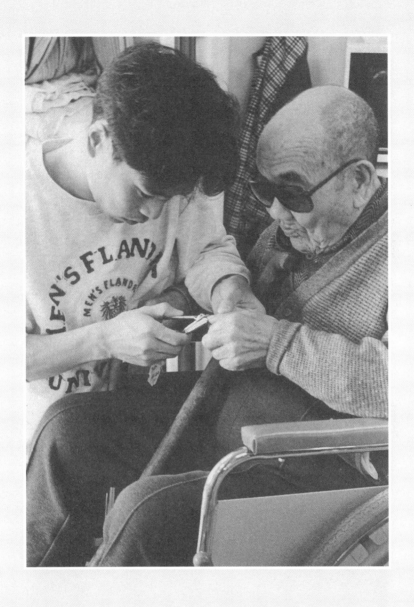

고된 수발과 일상에 지친 혈육보다 사명감으로 대하며 능숙하게 보살펴주는 '시설의 가족'이 더 살가울 때도 있다.

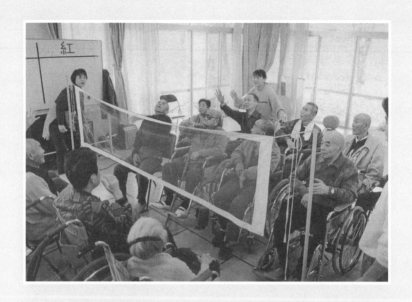

'휘이 휘이, 도깨비야. 물러가라.' 민속놀이 마메마키를 하면서 즐거워하는 노인들.(위 사진) 가정에서 고독한 시간을 보내던 노인들이 데이서비스센터에서 함께 어울리며 활짝 웃고 있다. 노인들은 몸이 굳었다고 마음까지 굳은 건 아니다.

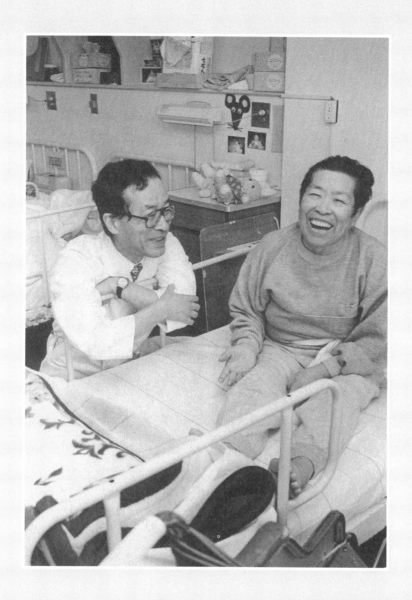

3부

사회가 노년의 존엄을 책임진다

1995년 고베 대지진 때의 일이다. 고베 대지진은 하룻밤 사이에 도시가 잿더미로 변하고 사상자 수만 명이 발생한 대참사였다. 그런데 이를 통해 우연히 드러난 것은 평상시라면 알기 어려울 사회의 구조적 취약성이었다. 질병이 인간의 허약한 부위를 먼저 공략하듯이 재난은 사회의 취약한 부위에 가장 큰 타격을 주는 법이다.

규슈 지역의 한 의약품 유통업자로서, 당시 구조 약품을 고베 지역까지 보급하는 일에 참가했던 사람이 전하는 얘기다. 고베 대지진은 사상자가 수만 명에 달한 대참사인 만큼 의약품 수요가 폭증했다. 무너진 도로를 넘어 의약품을 사고 지점까지 배달하는 데 고군분투하던 일들을 들려주던 그는 "그때 주문이 가장 많이 들어온 약이 무엇이었는지 압니까?"라고 질문을 던졌다. 아무래도 화상이나 부상을 많이 당했을 테니까 화농 치료나 예방을 위한 항생물질이 아닐까라는 답에 대해 그는 머리를 가로저었다. 항생물질보다 심장병, 고혈압 등 순환기 만성질환의 치료약 주문이 압도적으로 많았다고 한다. 고베 대지진으로 인한 부상자 치료약보다 그 지역 고령자들의 만성질환 치료제 확보가 더 시급했다는 것이다. 일본이 세계 최고령 국가라는 사실을 여실히 드러내는 일화가 아닐 수 없다.

현재 일본 사회는 '고령화'라는 키워드를 빼놓고는 이해하기 어렵다. 일본의 고령화율은 이미 18%를 넘어서 2003년에 이탈리아를 제치고 세계 최고의 고령 국가가 되었다. 세계 최장수 민족인데다 출산율까지 점점 떨어지고 있으니 일본의 고령화율은 앞으로도 계속 높아질 추세다.

인구통계기관의 추산에 따르면 일본은 2006년에 세계에서 제일 빨리 최고령 사회에 진입하고, 2007년이면 전후 처음으로 인구가 감소하기 시작할 전망이다. 2025년이면 인구 세 명 가운데 한 명이 65세 이상인 고령자가 된다고 한다.

65세 이상 고령 인구가 전체 인구의 20%가 되는 초고령 사회는 인류가 한 번도 경험하지 못한 전혀 새로운 사회다. 경제, 소비 구조, 가족 관계 등 사회의 기본 구조뿐 아니라 질병과 의료서비스, 의약품 수요, 결혼과 연애관, 여가활동 등 생활의 모든 측면에 이르기까지 지금까지와는 전혀 다른 새로운 상황이 펼쳐질 것이다.

1장　세대간 갈등, 새로운 냉전시대

보이지 않는 고령화의 덫

세계 최고의 고령 국가인 일본은 고령화에 따른 많은 변화를 가장 앞서 치러내고 있다. 그런데 일본이 현재 경험하고 있는 변화는 좋은 쪽보다는 나쁜 쪽이 압도적으로 많다. 정년퇴직 고령자 수의 증가로 연금 재정이 위기에 처했을 뿐 아니라 고령자의 높은 질병발생률 때문에 의료 재정 또한 파탄에 처했다. 재정 고갈, 점점 줄어드는 국민 저축 잔고, 낮은 소비 수준에 이르기까지, 고령화는 일본 경제 회복의 발목을 붙잡고 있다. 치매 노인이나 네타키리 노인을 부양해야 하는 문제도 심각하다. 생활 능력을 상실한 이들 피부양노인의 숫자는 2000년 기준으로만 280만 명에 이른다. 이 숫자는 2025년이면 500만 명에 이를 것으로 추산된다.

일본의 고령화에 가속도를 붙인 것은 바로 '낮은 출산율'이다. 인구가 늙어가는 만큼 새로운 세대가 계속 태어나야 사회가 활기를 유지할 수 있는데, 일본의 합계 출산율은 인구대체 출산율 2.1을 크게 밑도는 1.38까지 떨어졌다. 부양 받아야 할 노인들은 늘어만 가는데, 이들을 돌볼 젊은 세대는 점점 숫자가 줄면서 노인 부양 문제는 더욱 무거운 짐이 되고 있다.

미국 상무부 장관을 지낸 피터 피터슨은 그래서 "일본은 고령화의 매를 가장 먼저 맞는 나라"라고 말하기도 했다. 미국 정보기관 CIA에서는 2001년 「장기세계인구추세-지정학적 전망 재형성」이라는 보고서에서 "일본은 고령화로 인해 세계 3대 경제국의 지위를 더 이상 유지하지 못할 것이며 오래지 않아 국내총생산에서 중국에 뒤지게 될 것"이라고 한 적이 있다. 이러한 충격적인 내용의 보고서도 일본인들의 자존심을 건드렸을 뿐 그다지 새롭다고 할 것이 없다.

경제적 부를 바탕으로 1960년대부터 노인복지에 주력한 일본은 고령화에 따라 복지 부담이 늘어나자 80년대부터는 '일본식 복지'를 내세워 복지 재검토론을 주장하고, 90년대에는 사회 6대 개혁과제를 내세우는 등 고령화에 따른 위기를 극복하기 위해 여러 모로 노력해 왔다. 그리고 2001년 고이즈미 수상은 '성역 없는 구조 개혁'을 슬로건으로 내걸고 본격적인 복지 개혁에 착수했다. 연금 수령 나이를 높이면서 수령 액은 점차 줄이고, 노인의료비에서 본인 부담을 늘리고, 40세 이상 모든 국민이 보험료를 지불하는 개호보험을 실시하는 등 뼈아픈 조치들을 단행하였다. '세대간 불평등을 바로 잡는다'는 것이 이러한 복지 개혁의 요지다. 현역세대의 과도한 부담을 덜어주는 대신 이때까지 두터운 복지 수혜를 누려온 노인세대에게 부담을 지우는 것이다.

일본 복지 개혁은 이것만으로 끝나지 않는다. 사실 노인의 정치적 영향력이 점점 커지므로(전체 유권자 가운데 차지하는 노인 비율을 생각해보라), 노인복지 혜택을 일방적으로 삭감하는 것은 정치인에게 자살행위나 다름없다. 실행되고 있는 복지 서비스를 줄이는 것은 우는 아이에게 사탕을 주었다가 다시 뺏는 것만큼이나 어려운 일이다. 따라서 수혜층의 반발을 피하면서 재정을 확보하기 위해서는 당의정 처방이 필요하다.

결국 정부의 재정 적자를 국민 부담으로 떠넘기면서 이를 효율적인 서비스로 포장하는 것이 바로 '복지 개혁'의 실체다. '복지 부문의 민영화' '자립이념' 등의 구호는 쓴 약을 삼키도록 하는 사탕발림에 불과하다. 특히 일본은 정부 지출을 줄이면서 민간에 부담을 전가하는 데에 유리하다. 일찍이 가족과 기업에 복지 비용을 떠넘겨 온 '일본식 복지' 전통 덕분이다. 다행히 일본의 노인들은 저축과 부동산, 연금 등으로 현역세대 못지않은 경제력을 갖추고 있어, 늘어난 부담을 감당할 능력도 있다. 이 점이 그나마 일본이 기댈 언덕인지 모른다.

🌾 미지의 세계, 초고령 사회

전체 인구 가운데 65세 이상 인구가 차지하는 비율이 7% 이상인 사회를 고령화 사회, 14% 이상인 사회를 고령 사회라고 한다. 특히 일본을 보면 초고속으로 고령화되었는데, 고령화 사회에 진입한 것이 1970년, 그로부터 24년 만에 65세 이상 고령자 비율이 두 배로 늘어 고령 사회에 진입했다. 고령화 사회에서 고령 사회로 진입하는 데 프랑스는 115년, 스웨덴은 85년 걸린 점을 생각하면 일본에서 고령화가 얼마나 빨리 진행되는지 알 수 있다. 다른 선진국은 인구가 서서히 나이 들어감에 따라 도시 계획, 복지 정책도 점진적으로 대응할 수 있었던 것과 달리 일본은 미처 대비할 틈도 없이 순식간에 고령화가 진행된 셈이다.

한국은 2000년에 고령 인구 비율이 7%를 넘어 고령화 사회에 들어섰으며, 2019년 고령 사회에 진입할 전망이다. 고령화 사회에서 고령 사회로 진입하는 데 일본이 24년 걸린 것에 비해 한국은 19년밖에 안 걸리는 셈이다. 한국은 2026년에 고령 인구 비율이 20%를 넘는 초고령 사회가 될 것으로 보인다.

국가명	65세 이상 인구비율의 도달 연도		소요연수
	7%	14%	
일본	1970년	1994년	24년
미국	1945년	2010년	65년
영국	1930년	1975년	45년
독일	1930년	1975년	45년
프랑스	1865년	1980년	115년
스웨덴	1890년	1975년	85년
한국	2000년	2019년	19년

인구 고령화 속도의 국가별 비교(한국 보건복지부, 2002년)

한국은 어떤가? 한국은 고령화 사회에서 고령 사회로 진입하는데 일본보다 더 빠른 19년밖에 걸리지 않는다고 한다. 출산율은 2002년에 1.17까지 떨어져 세계 최저 수준을 기록했다. 2036년이면 인구의 27.4%가 노인 대열에 들어서는 반면 14세 이하 아동의 비율은 11.9%에 지나지 않게 된다.[1] 지금의 저출산율이 계속된다면 이러한 인구불균형은 훨씬 심각하게 진행될 것이다. 우리 사회에서도 고령화가 벌써 주요 의제로 등장했지만 아직까지 그 심각성을 제대로 이해하는 데는 못 미치는 것 같다. 그럴 만도 한 것이 한국의 노인들은 아직 젊고 건강한 편이다. 전체 인구 가운데 노인 인구가 차지하는 비율이 8%를 넘어섰지만 그 가운데 75세 이상 후기고령자는 2.5%에 지나지 않는다.[2] 젊은 노인들은 장년층 못지않은 건강과 사회 참여 의지를 가지며 활동적이다. 그러니 한국에서 고령화가 가져올 그 스산한 변화를 아직 실감하긴 어렵다. 그러나 10년 뒤면 사태가 확연히 달라질 것이다. 현재 노인복지관 등에서 에어로빅을 즐기는 젊은 노인들이 자리에 드러눕고, 병원 신세를 지게 될 것이다. 그때쯤이면 가족 해체는 더 진행되어 며느리나 자식들에게 병 수발을 기대하기는 더 어려워질 것이다.

물론 나아지는 점도 있을 것이다. 10년, 20년 뒤면 한국의 노인들도 연금을 받아, 경제적으로 자립하고 더 이상 자식에게만 기대지 않을 만큼 정신적 자립도 이룰 것이다. 노인 문제에 대한 정부의 접근법도 달라질 것이다. 노인을 더 이상 복지 수혜자로만 보지 않을 것이며 오히려 현재 만들어 둔 복지 혜택을 '복지 개혁'이라는 이름으로 반납하게 하는 정책을 밀어붙일지도 모른다. 일본의 현재는 한국의 10년 뒤 모습이라고 해도 무방하다. 따라서 고령화에 따른 일본의 문제점과 개혁을 다룬 이 장은 앞으로 한국이 걸어가게 될 길을 미리 들여다보는 예고편으로 생각하고 읽어도 좋을 듯하다.

요람에서 무덤까지, 일본은 없다

어린이 하나가 노인 여섯을 부양한다면?   일본 어린이들은 호주머니를 여섯 개 갖고 있다고 한다. 부모 두 명, 조부모와 외조부모 네 명에게 용돈을 받기 때문이다. 그만큼 자녀수는 줄고 노인 수가 늘었다는 뜻이다.

물론 용돈을 받을 때는 좋겠지만 이들이 노인을 부양해야 할 때가 되면 비명이 나오지 않을 수 없다. 일본의 출산율은 1.36(2000년). 한 가정에서 기껏 어린이 한 명을 출산하는 셈이다. 이 한 명의 어린이가 장래 자신의 부모, 조부모, 외조부모까지 모두 돌보지 않으면 안 된다.[3]

고령저출산의 가장 큰 문제는 고령세대를 부양하기 위한 현역세대의 부담이 지나치게 무거워진다는 점이다. 현재 현역세대 4명이 고령자 1명을 먹여 살리지만, 고령화율이 27.4%에 달하는 2025년에는 2명이 1명을, 32.3%가 되는 2050년에는 1.5명이 1명을 먹여 살려야 하는 것이다. 경제성장 둔화로 인해 임금 상승도 제자리걸음. 현역세대가 손에 쥐는 수입은 거의 늘지 않는 반면, 세금이나 사회보험료 등으로 지불해야 할 비용은 가파르게 늘어난다. 아무리 낙관적으로 보더라도 현재와 같은 추세의 고령화는 젊은 세대가 감당할 수 있는 한계를 넘어서는 것이다.

현역세대에 비해 노인 인구가 늘어나면서 제일 먼저 위기를 맞는 것이 연금이다. 일본에서 노인이 받는 연금은 현역 당시 손에 쥐는 수입의 60% 정도를 보장해준다. 그런데 일본 연금제도는 각 개인이 평생 지불한 연금을 모아두었다가 받는 적립 방식이 아니라, 현역세대가 납부한 연금보험료를 고령자에게 이전하는 부과 방식이다. 이 때문에 각 개인은 자신이 낸 만큼 받아가는 것이 아니라 경우에 따라 더 받기도 하고 덜 받을 수도 있다. 특히 연금제도를 도입한 초기에는 장래의 인구 감소를 고려하지 않았을 뿐 아니라, 제도를 정착시키기 위해 납부하는 금액보다 미래에 더 많은 액수를 타도록 설계하였다. 이는 어느 나라나 마찬가지다. 예를 들면 일본의 경우 60대 노인은 평생 지불한 보험료보다 3,000만 엔을 더 받아간다. 문제는 현재 노인세대가 많이 받아가는 만큼 적자분이 다음 세대로 넘어간다는 것이다. 2000년 현재 70대는 납부한 보험료의 5.5배를 연금으로 받고, 60대는 2.6배를 받는다. 반면 35세를 경계로 그 이하 세대는 납부한 몫의 원금조차 받지 못하게 된다.[4]

✿ 여러층으로 구성된 일본 연금 체계

국민연금에만 의존하는 한국과는 달리 일본의 공적연금제도는 여러 층으로 이루어져 있다. 모든 국민이 강제 가입되어 있는 국민연금(기초연금)이 1단계이고, 그 위로 민간기업 종업원을 대상으로 하는 후생연금, 공무원을 대상으로 하는 공제연금, 자영업자를 대상으로 하는 국민연금기금 등이 2단계를 이룬다. 3단계는 개인이 자유롭게 선택하여 가입하는 개인연금이다. 국민연금은 국가가 전 국민을 대상으로 일정한 기본 소득을 보장해주는 기초연금이며, 2단계는 낸 비용에 비례해서 타가는 연금이다.

국민연금, 후생연금, 공제연금, 국민연금기금까지는 공적연금으로서 사회보장의 성격이 크다. 사적연금은 기업이나 법인단체가 실시하는 기업연금과 개인이 노후대비용으로 가입하는 개인연금이 있다.

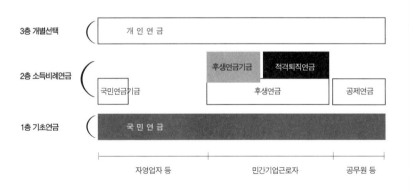

일본 연금 체계(일본 후생노동성)

연금제도를 둘러싼 큰 문제 가운데 하나가 적립금 부족인데, 2000년 기준으로 후생연금만 350조 엔, 기초연금을 포함하면 490조 엔이 부족한 상태다. 이는 국내총생산(GDP)에 거의 필적하는 규모다. 당장은 현역노동자가 내는 보험료와 세금으로 충당되므로 적립금 부족이 드러나지 않아 문제의 심각성을 느끼지 못할 뿐이다. 그러나 연금생활자는 늘어나고 보험료와 세금을 낼 현역세대가 줄어들면서 연금 수입과 지출의 간극은 점점 커지게 된다. 결국 이를 메우기 위해서는 현역세대가 더 많은 보험료를 부담해야 하는 것이다. 이러한 우려는 벌써 현실로 나타나고 있다.

　연금재정의 파탄을 막기 위해 일본 정부는 현재 임금의 13.58%(1999년)에 해당하는 보험료율(임금을 기준으로 내야 하는 보험료 비율을 뜻한다)을 매년 0.35%씩 올려 2017년이면 18.35%까지 인상하기로 했다. 이는 매월 1만 3,300엔씩 내는 기초연금 보험료가 2025년에는 2만 6,000엔 가량으로 늘어나는 것을 의미한다.[5] 보험료를 거두는 정부로서도 현역세대의 지나친 부담이 우려될 수밖에 없다. 이 때문에 정부는 어떠한 경우에도 보험료율을 20% 선에 고정하겠다는 약속으로 민심을 달래고 있다.

　현역세대의 부담이 느는 것과 함께 연금제도 자체에 대한 국민의 불신 또한 커다란 문제다. 최근 젊은 세대 사이에 '이렇게 고령화가 계속되면 우리가 늙어서 연금을 제대로 받을 수 있나' 하는 불안이 확산되면서 체납, 납부 거부 등의 움직임이 번지고 있다.[6] 후생성이 가장 우려하는 것이 현재의 세 배 가까운 보험료 부담을 앞으로 근로세대가 버티지 못하면서 연금 재정이 공동화되는 시나리오다.[7]

이와 같은 연금제도의 불안정성은 국민 사이에 공적 연금제도의 필요성을 부인하는 마타도어로 작용하고 있다. 재정 상태가 위태로운 연금제도에 노후를 맡길 것이 아니라 차라리 각자 알아서 노후를 대비하는 것이 낫겠다는 의견마저 나오기 시작한 것이다. 그러나 모든 개인이 노후를 스스로 준비하지 못하는 사회에서 공적 연금제도의 필요성 자체를 부인하기는 어렵다. 또 '평생직장'이라는 안정적 고용구조가 깨지고 개인이 평생 벌어들이는 소득이 불확실해질수록 공적연금이나 개호보험 등 사회보험은 더욱 충실해져야 한다.

결국 연금제도를 유지하는 관건은 현역세대가 내는 보험료를 연금생활자에게 지불하는 현재의 부과 방식을, 자신이 낸 몫을 나중에 찾아가는 적립식으로 바꾸는 것이다. 이와 함께 젊은층을 중심으로 현역세대가 연금제도에 대해 갖는 불안감, 불신을 해소하는 것이다. 이를 위해서는 현역세대의 보험료 부담이 지나치지 않도록 배려하는 것과 동시에 연금 재정이 파산하지 않도록 재정 건전화를 이루는 것이 중요한 과제다.[8] 이에 따라 노인세대의 희생이 불가피해진다. 일본 후생연금의 경우 이제까지 60세부터 받을 수 있었는데, 연령이 단계적으로 상향 조절되어 2025년 이후는 65세가 되어야 연금을 받을 수 있게 된다.

의료보험, 수요는 늘고 혜택은 줄고 1978년 10조 엔에 달하던 일본의 국민의료비는 고령화와 함께 매년 1조 엔씩 늘어나 1999년에는 30조 엔을 넘어섰다. 이는 국민소득의 8%에 해당하는 규모다. 전체 의료비 증가는 주로 노인의료비 증가에 원인이 있다.

2000년에 도입한 개호보험은 이러한 노인의료비 증가에 대응하기 위한 것이었다. 의료비 가운데 요양비, 입원에 따른 부대비용, 재활 치료 등 비의료 부문을 개호보험으로 넘긴 것이다. 이에 전체 의료비는 전년(1999년) 대비 4.3% 줄어드는 성과를 올렸지만, 기대한 만큼의 의료비 절감으로 이어지지는 않았다는 평가다. 그러나 개호보험 자체도 지출이 빠르게 늘어나면서 시행 3년 만에 보험료를 13%나 올려야 할 정도로 재정이 어려운 지경이다.

한편 노인의료비가 급증하면서 대부분의 의료보험조합들은 재정 파탄 상태다. 72세 이상의 일본 노인들은 원하는 만큼 의료서비스를 받을 수 있지만 이들이 지불하는 비용은 아주 낮게 책정돼 있다. 따라서 노인들의 의료 비용을 젊은 세대가 낸 보험료와 세금으로 충당할 수밖에 없다.

일본의 의료보험 재정 파탄을 이해하기 위해서는 의료보험 제도 자체를 이해할 필요가 있다. 일본의 의료보험조합은 대기업 종업원을 대상으로 하는 '조합관장건강보험', 중소기업 종업원을 대상으로 하는 '정부관장건강보험', 지역주민을 피보험자로 하는 '국민건강보험'으로 크게 나뉜다. 한국이 지역·직장 의료보험으로 나뉘었다

❦ 노인의료비 증가, 전체 국민의료비 절반을 넘는다

2001년 일본 후생노동성 조사에 따르면 65세 미만 국민 한 사람이 일 년에 사용하는 의료비가 15.3만 엔인데 반해 85세 이상 노인 한 사람이 사용하는 의료비는 105.6만 엔에 달한다. 또 매년 노인들이 사용하는 의료비 증가율도 높아지고 있다. 1998년 전체 의료비 증가율은 2.1%에 지나지 않지만 노인의료비는 5.9% 늘어났다. 그 해 국민소득은 3.3% 줄었다. 전체 의료비 가운데 노인의료비 비중은 1995년 33%에서 2010년에는 42%, 2025년에는 54%로 늘어날 것으로 추산된다. 이러한 추세라면 2025년에는 전체 국민의료비 81조 엔 가운데 노인의료비가 절반을 넘어 45조 엔을 차지할 거라는 전망이다.

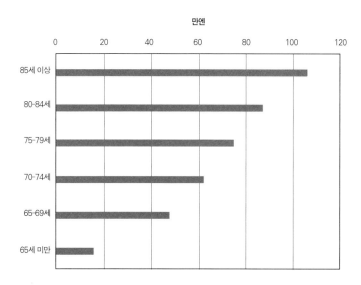

일본 연령별 일인당 의료비(일본 후생노동성, 2001년)

가 통합된 것과는 달리, 일본은 제도 자체가 분화돼 있는데다 조합 수도 수천 개에 이를 정도로 소규모이고 영세하다.

이렇게 수많은 조합은 고령자 가입 비율이나 조합원의 건강 상태, 소득 수준 등에 따라 운영 상황이 크게 다르다. 소득이 높고 건강 상태도 좋은 대기업 종업원이 조합원인 '조합관장건강보험'의 경우 재정이 안정적인 반면, 고령자와 실업자 가입률이 높은 '국민건강보험'의 재정이 가장 열악하다. 이러한 불균형을 해소하기 위해 '조합관장건강보험'이나 '정부관장건강보험'이 적립금의 일부를 갹출해 '국민건강보험'에 출자하도록 하였다. 이 때문에 원래는 보험료 수입이 남아돌아 조합원을 위한 고급 휴양지까지 운영하던 '조합관장건강보험'까지 휘청거리기 시작했다. 또 구조조정 등으로 조합원 수가 줄어들면서 최근에는 과반수의 조합이 재정적자로 돌아섰다.[9] '정부관장건강보험'은 1993년부터 적자를 기록하기 시작해, 1998년에는 적자가 35억 엔이 되었다. 시정촌이 운영하는 '국민건강보험'은 더욱 심각해 1998년에 적자 1,020억 엔을 기록했다. 의료보험 재정 적자도 역시 연금과 마찬가지로 정부 재정에 큰 부담을 주며 결국 납세자들의 세금 증가로 이어진다.

이러한 의료비 증가에 대처하기 위해 현재 의료 개혁이 추진되고 있다. 그 동안 낮게 책정한 노인의료비의 본인 부담을 늘리고[10], 과잉 진료를 엄격히 제한하고 있다. 최근에는 당뇨병, 심장질환 등 만성질병에 대해서는 젊어서부터 건강을 소홀히 관리했을 개연성을 들어 본인 의료비 부담을 늘리는 방법도 제기됐지만 실현 가능성은 그리 크지 않은 것 같다.

부실한 재정, 결국 국민의 주머니에서　복지란 결국 예산의 문제다. 일단 복지 비용을 늘리면 경제성장이 낮다거나 세입이 부족하다는 이유 등으로 축소하는 것은 쉽지 않은 일이다. 게다가 고령자 수는 점점 늘어나므로 일단 복지의 틀을 마련하면 그 비용은 저절로 불어나게 된다.

일본은 1970년대 노인복지를 확대한 이래 복지 비용이 경제성장률을 크게 상회하여 증가해왔으며, 이로 인한 재정 적자가 오늘날 매우 심각한 문제가 되고 있다. 일본에 대해 '나라는 부자인데 국민은 가난하다'고 생각하는 경우가 많은데, 이는 낡은 통념이다. 오히려 국민은 세계 1위 저축왕이지만, 정부는 세계 제일의 빚쟁이다. 장기 불황으로 세수는 줄어드는데 고령화에 따른 사회보장비용은 갈수록 늘어나는데다, 경기 회복을 위해 몇 차례 대규모 경기부양책을 실시한 것이 번번이 실패하면서 빚이 눈덩이처럼 늘어난 것이다.

일본의 재정 적자 규모를 미국이 재정과 무역의 '쌍둥이 적자'에 시달리던 1996년 수치와 비교하면 그 심각성이 더욱 분명해진다. 1996년 미국의 장기채무잔고가 4조 4,500억 달러로 전체 GDP 대비 57.9%를 차지한 반면, 2001년 일본은 666조 엔(중앙정부, 지방자치단체가 발행한 채권 합계)으로 GDP 대비 128.5%에 해당한다. 666

조 엔이라는 빚은 이자만으로도 1분에 3,000만 엔 이상, 1시간에 18억 엔이 불어나는 돈이라고 하니 벌어진 입이 다물어지지 않는다.[11]

우리나라에서 예산이 가장 많은 부처는 교육부다. 일본의 행정부처 가운데 가장 큰 예산을 주무르는 곳은 어딜까. 후생노동성이다. 한국의 보건복지부와 노동부 기능을 합한 부서인 후생노동성의 1년 예산은 19조 엔, 정부 일반회계 81조 7,000억 엔의 20%, 일반세출 47조 5,000여억 엔 가운데 40.7%를 차지한다. 그런데 후생노동성 예산의 대부분인 18조 엔을 넘는 돈이 바로 연금, 의료보험, 노인복지 등 사회보장비로 쓰인다. 고령화 저출산에 따른 복지 비용이 일본 정부 지출의 40% 이상을 차지하는 것이다.[12]

이러한 재정 위기에 고령화 저출산은 불에 기름을 붓는 격이다. 인구 구성과 가족 구조 변화가 동시에 진행되면서 정부의 복지 기능은 점점 확대되고 지출은 더욱 늘어나고 있다. 그런데 정부 지출의 증가는 바로 국민 부담이 늘어나는 것을 의미한다. 늘어가는 지출을 세금으로 충당하기 때문이다. 특히 세금 가운데 고령화와 직접 관련 있는 것이 바로 소비세다.[13]

소비세는 모든 소비에 대해 세금을 부과하는 것으로 편의점이나 백화점 등에서 물건을 살 때마다 물건 값의 5%가 붙는다. 1989년 세율 3%로 처음 도입된 소비세는 1995년 5%로 인상됐다. 편의점에서 빵이나 우유를 살 때는 말할 것도 없고, 호텔에서 숙박하거나 미장원에서 머리를 깎는 등의 서비스까지 모두 소비세 5%를 지불해

🌾 경제성장률을 뛰어넘은 복지 지출 증가율

1961년부터 1997년까지 일본의 국민소득 대비 사회보장비 비율 추이를 나타낸 표다. 사회보장비는 계속 증가하는 데 반해 국민소득 증가율은 1979년 6.1%로 떨어진 이래 계속 저성장에서 벗어나지 못하는 것을 알 수 있다. 경제성장이 높은 시기에는 사회보장비 증가가 크게 부담이 되지 않는다. 그러나 고도 경제성장 시기가 끝나면서 더 이상 높은 수준의 사회보장을 유지하기가 어려워지는 것이다. 경제성장률을 크게 웃도는 복지 비용은 정부의 입장에서는 재정 적자, 국민의 입장에서는 조세 부담률 상승으로 나타나게 된다.

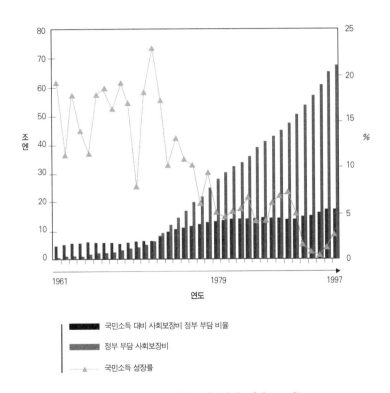

일본 사회보장비 증가표(일본 후생노동성, 2000년)

야 한다. 소비세로 걷힌 돈은 5분의 1이 지방 재정을 위해 쓰이며 나머지는 바로 복지 비용으로 충당된다. 그런데 모든 소비에 대해 일률적으로 매겨지는 세금은 생계유지 품목에 소비가 집중된 저소득층에게는 불리하다. 이러한 소득역진성 때문에 비판을 받지만, 복지 목적세로서 소비세는 고령 국가에서 피할 수 없는 존재다. 일본뿐 아니라 고령화율이 세계 상위권인 북유럽 복지국가들 역시 복지 비용을 충당하기 위해 소비세를 도입하고 있으며 그 비율도 이미 10%를 넘어서고 있다.

문제는 소비세로 인해 소비심리가 위축된다는 것이다. 지갑을 열 때마다 물건 값의 5%를 추가로 지불해야 하니 국민은 주머니 끈을 더욱 졸라맬 수 밖에 없다. 미래에 대한 불안감에 소비세까지 가세해 오늘날 '소비불황'을 초래한 것이다. '소비불황'이란 물건 값은 계속 내려가는데도 수요가 창출되지 않는 디플레가 장기화하는 것을 말한다. 소비세율 5%만 해도 부담스러운데 어느새 세율을 12%까지 올리겠다는, 소위 '두 자리 수 인상안'이 흘러나오고 있다.

예를 들면 2003년 6월에 나온 일본 정부 세제조사회에서 발표한 '소자(小子) · 고령 사회에서의 세제 방향'에서는 "소자고령화가 진전되는 가운데 국민의 장래 불안을 불식하기 위해서는 사회보장제도를 비롯한 공적 서비스를 안정적으로 지원할 수 있는 세입 구조를 구축하는 것이 불가결하다. 특히 이러한 목적을 위해서는 소비세가 중요한 세금으로, 앞으로 세제를 대폭 개혁할 때 국민의 이해를 얻어 두 자리 세율로 인상할 필요가 있다"고 밝혔다. 월급의 30% 가량을 세금으로 내고, 5,000원짜리 점심을 먹을 때마다 세금을 600원씩 낸다고 생각해 보라. 그런데 이런 심각한 사태에 대해 언제까지 남의 나라 얘기로 흘려들을 수 없다는 게 문제다. 바로 10년 뒤에 한국에서 똑같은 일이 일어나지 않으리라고 누가 장담할 수 있겠는가?

두 마리 토끼를 노리는 개호보험 2000년 4월 시작된 '공적개호보험(公的介護保險)'은 제3의 길을 모색하는 일본의 복지 개혁 과정에서 나온 것이다. 네타키리·치매 노인 부양에 지친 국민들로부터 '부양 서비스'에 대한 요구는 늘어나는데, 부양 서비스를 제공할 재원(財源)은 형편없이 부족하고 정부 살림살이마저 빚으로 유지되는 상황에서 등장한 공적개호보험은 출발부터 이중의 과제를 안고 있었다. 노인 부양을 사회적으로 해결하는 동시에, 새로운 재원을 마련함으로써 노인의료비 문제를 해결하려는 의도가 함께 담긴 것이다.

노인의료비 문제란 노인들의 '사회적 입원'[14]으로 인한 의료비 급증을 가리킨다. 1991년에는 전체 의료비 19.9조 엔 가운데 노인의료비가 6.3조 엔(31.6%)을 차지했으나, 1999년에는 전체 30.4조 엔 가운데 11.4조 엔(37.7%)으로 늘어났다. 이런 추세라면 2025년 국민의료비는 81조 엔으로, 노인의료비는 45조 엔으로 각각 늘어날 것으로 추산된다.[15] 의료비 급증의 결과, 의료보험조합은 적자와 파산으로 치달았다. 중소기업 종업원을 대상으로 하는 정부관장건강보

❃ 갈수록 많아지는 노인 수발 서비스 요구

부양 서비스에 대한 요구는 고령화가 진행될수록 점점 많아지리라는 점에서 문제가 심각하다. 후생노동성 자료를 보면 고령화율이 절정에 달하는 2025년에는 노인 비율 27.4% 가운데 후기고령자는 15.6%를 차지하며 520만 명이 수발 서비스가 필요한 상태에 이르게 된다. 수발 서비스를 위한 비용도 막대하다.

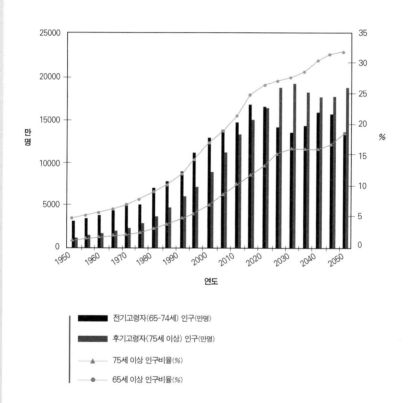

고령화율과 전기고령자, 후기고령자 인구 변화 추이 (일본 후생노동성, 2001년)

후생노동성 추계에 따르면 노인 수발에 필요한 사회보장비가 2000년에 4조 엔이던 것이 2010년에는 8~10조 엔, 2025년에는 14~21조 엔으로 증가할 것으로 추계된다. 이는 일본 맥주 시장 규모가 2.9조 엔, 승용차 시장 규모가 10.8조 엔임을 감안하면 얼마나 큰 규모인지 짐작할 수 있다.

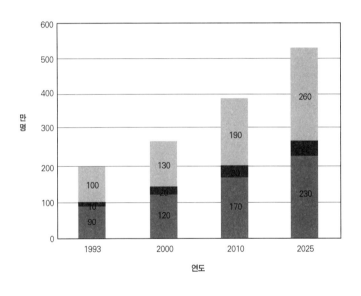

수발이 필요한 고령자 수 장래 추계(일본 후생노동성, 1996년)

험의 경우 2001년 적자가 6,000억 엔으로, 이대로라면 오래지 않아 재원이 바닥날 상황이다. 보험료율도 93년 8.3%였던 것이 99년에 8.5%로 증가하는 등 국민 부담도 늘고 있다.

개호보험은 한 마디로 국민이 내는 보험료로 네타키리, 치매 노인에게 부양 서비스를 제공하는 것이다. 네타키리·치매가 될 위험은 누구에게나 있으므로 그러한 위험을 보편적인 것으로 받아들이고 그 비용을 전 국민이 함께 나누자는 취지다.

중요한 점은 개호보험이 세금이 아닌 보험료로 운영된다는 것이다. 세금이나 보험료나 국민이 내기는 마찬가지인데, 이를 굳이 구별하는 게 무슨 의미가 있나 생각할지도 모르겠다. 그러나 세금은 모든 사람이 똑같이 내고, 정부에서 일반적인 지출에 사용한다. 반면 의료보험이나 연금과 같은 사회보험은 보험의 대상이 되는 사람들에게서만 돈을 거두어 필요한 용도에만 쓰는 식이니, 운영이나 용도에서 더욱 확정적이고 목적적이다.

개호보험은 40세 이상 모든 국민을 피보험자로 한다. 원래는 서비스를 받는 대상이 노인이므로 노인에게만 보험료를 거둬야 하지만, 그렇게 되면 재원이 한정돼 충분한 서비스 제공이 어려워진다. 40세 이상을 피보험자로 한 또 하나의 이유는 40대가 직접 서비스를 받지는 않지만, 부모 수발의 부담을 덜 수 있다는 점에서 개호보험의 수혜자가 된다는 것이다.

그렇다면 개호보험으로 가족은 부양 부담에서 완전히 해방되었나? 대답은 쉽지 않다. 단지 분명한 것은 보험료를 부담하는 만큼(40세 이상 부부와 65세 이상 노부모로 이루어진 세대의 경우, 4명이 모두 보험료를 지불해야 한다) 직접적인 개호 노동에서는 해방됐다는 것이다. 그러나 이용할 수 있는 서비스는 극히 제한되어 있다. 특히 시설에 들어가지 않고 계속 가족과 생활하는 노인의 경우, 재택 서비스의 양이 충분히 확보돼 있지 않은데다가 개호도[16]에 따라 사용할 수 있는 서비스가 제한돼 있어, 공적 서비스로 부족한 부분은 여전히 가족의 손에 의지해야 한다.

이렇게 개호보험 서비스를 제한한 것은 개호 서비스를 많이 사용할수록 개호보험 재정이 어려워지고 보험료나 세금 투입이 늘어나기 때문이다. 이러한 염려는 정확한 것이어서, 개호보험 도입 3년 만에 서비스 이용률이 눈에 띄게 늘어나고 있다. 3년 동안, 서비스가 필요한 노인 숫자가 67%(2003년 8월 기준) 증가했고, 서비스 이용자는 89% 증가했다. 같은 기간 65세 이상 인구는 고작 11% 증가했을 뿐이다. 정부가 개호보험을 통해 지불하는 비용도 2000년 3.2조에서 2003년에는 4.8조로 증가했다.

이에 따라 보험료를 크게 인상하지 않을 수 없는 형편이다.[17] 보험료가 상승할수록 국민 부담이 늘고, 제도에 대한 국민의 저항이 심해질 것은 너무나 자명하다. 심지어 40세 이상이 보험료를 부담하는 현재의 재원 구조로는 늘어나는 비용을 충당하지 못하므로 20세 이상 국민에게 보험료를 확대 부과할 것이 검토되고 있다. 앞으로 개호보험을 안정적으로 운영하기 위해서 서비스 이용과 보험료 상승을 억제해야 하는 과제를 안고 있는 셈이다.

개호보험은 아무리 그럴 듯한 명분을 붙인다고 해도 국민 입장에서 보면 준조세이므로 새로운 부담을 안게 되어 달가울 리 없다. 또 의료보험과는 달리 개호보험은 평생 보험료를 낸다고 해도, 실제 서비스 혜택을 받을 수 있는 층은 일부에 지나지 않는다. 개호 서비스를 이용하려면 네타키리나 치매에 걸린 것을 증명해야 하는데 실제 인정을 받은 숫자는 전체 노인 인구의 15%에 지나지 않는다고 한다. 네타키리나 치매임을 증명하려면 85항목의 까다로운 조사를 거치고서도 담당 의사의 소견서를 제출해야 하는 등 절차가 까다롭고 심사 기준이 엄격하다. 건강한 노인이 개호보험 서비스를 받지 못하도록 하기 위한 조치다.

이 때문에 혹자는 개호보험을 "투자회수율 0인 평생적금" 또는 "노인의 돈을 뜯어내는 제도"라고 혹평하기도 한다. 그러나 주목할 점은 개호보험이 처음 구상되어 입안, 국회를 통과하기까지의 전 과정이 일사천리까지는 아니지만 거의 국민의 저항 없이 이루어졌다는 점이다. 이렇게 개호보험을 도입하는 데 국민의 동의를 쉽게 얻어낼 수 있었던 것은 고령자 수발로 인한 가족의 피로가 한계에 달한 때문이었다. 보험료를 더 내더라도 '24시간 개호 지옥'에서 벗어나기를 바라는 것이 노인 수발을 경험한 가족들의 심정이었던 것이다. 고령화에 대한 위기감을 여론으로 조성한 것도 주효했다. 일본

※ 전국민이 노인수발 비용을 함께 나누는 개호보험

개호 서비스는 크게 시설 서비스와 재택 서비스로 나뉜다. 시설 서비스란 노인병원이나 의료형 요양시설(이들 시설은 의료보험에서 관장한다)을 제외한 양로시설에 들어가서 생활하는 것을 의미하며, 재택 서비스란 가족과 함께 또는 독신으로 자택에서 생활하는 경우 이용하는 서비스를 말한다.

　우리나라의 경우 노인요양시설, 방문개호, 단기입소, 주간보호시설 등의 서비스가 실행되고 있지만, 늘어나는 수요에 비해 서비스 제공이 턱없이 부족한 실정이다. 2003년 기준으로, 재택 서비스의 경우 필요한 수요의 4.3%를 겨우 충족하는 정도다.

	시설 서비스	재택 서비스
종류	특별양호노인홈 노인보건시설 개호형 실비노인홈 고령자 생활복지센터	방문개호(홈헬퍼)서비스 단기입소(숏스테이) 주간보호시설(데이서비스) 방문간호 개호용품대여 치매노인그룹홈

특별양호노인홈 _ 특별한 질병은 없지만 심신이 허약해 타인의 도움 없이는 생활하기 어려운 노인을 대상으로 하는 생활 시설. **노인보건시설** _ 식사, 배변 등 생활보조 이외에도 의료적인 지원까지 제공되는 시설. **개호형 실비노인홈** _ 무료나 저렴한 가격으로 노인에게 식사 제공, 기타 생활에 필요한 편의를 제공하는 시설. **고령자 생활복지센터** _ 생활보조와 거주 기능과 함께 노인들의 교류를 촉진하는 역할까지 종합적으로 제공하는 시설. **방문개호 서비스** _ 홈헬퍼가 노인이 있는 가정을 방문하여 식사, 목욕, 배변 등을 보조하며, 독거노인의 경우에는 식사준비, 청소 등 가사지원까지 한다. **단기입소** _ 노인이 돌보는 가족이 질병이나 휴가 등으로 단기간 노인을 돌볼 수 없는 경우, 노인 시설에서 노인을 맡아 보살피는 시설. **주간보호시설** _ 낮 동안 노인들을 돌보아주는 시설. **치매노인그룹홈** _ 회복 기미가 없는 중증 치매 환자들이 죽기까지 마지막 삶을 보내는 곳.

국민이 미래에 대해 느끼는 최대 불안은 바로 자신이 자리에 드러누웠을 때 누가 돌봐줄 것인가 하는 개호 불안이다. 따라서 개개인이 대처할 수 없는 불안을 사회적 서비스로 대처하자는 데 이의가 없었던 것이다.

개호보험은 보험료로 충당되는 부분이 45%이며 나머지 45%에 해당하는 부분에는 세금이 투입된다. 나머지 10%는 개호서비스를 이용하는 노인들이 지불하는 요금으로 충당된다. 노인들은 보험료 외에 서비스 비용의 10분의 1을 지불해야 한다.

개호보험은 노인들이 서비스를 받는 만큼 비용을 지불하게 하는 것이니 '복지의 상품화' '복지의 시장주의'를 제대로 구현한 셈이다. 개호보험이 도입되기 전까지 네타키리·치매 노인을 위한 복지는 정부가 '조치제도' 아래 실시하는 최소한의 서비스가 있을 뿐이었다. 조치제도란 행정이 독점적으로 서비스를 제공하는 것이다. 즉 부양가족이 없는 저소득층 노인에게 정부가 운영하는 저렴한 노인 시설에 들어갈 수 있는 자격을 주는 것이다. 이때 정부는 국민의 기본적 권리인 복지 서비스를 제공한다기보다, 절대적 위치에서 시혜를 베푸는 모양새가 된다. 은혜를 받는 입장에 선 노인은 시설을 선택하거나 서비스가 마음에 들지 않는다고 불평할 권리가 전혀 없다. 하지만 개호보험은 다르다. 보험료와 서비스 요금을 낸 이상, 당당한 소비자가 된다. 복지 서비스를 손수 고를 뿐 아니라(조치제도에서는 노인이 들어갈 수 있는 시설을 행정기관이 정해 주었지만 개호보험에서는 이용자가 전국 어디나 원하는 시설을 선택해 들어갈 수 있다. 또 재택 서비스인 경우, 원하는 사업자나 홈헬퍼를 지정할 수 있다), 서비스의 품질에 대해 불평할 수도 있게 됐다(옴부즈맨 제도 도입). 즉 개호보험은 '노인 부양'을 복지 혜택에서 소비자와 사업자 사이에 거래되는 서비스 상품으로 전환한 것이다.

노인 수발을 위한 공적 서비스 제공, 노인의료비의 급증에 따른 복지 재정난. 개호보험이 풀어야 할 이 두 가지 과제는 서로 모순적이다. 개호보험은 하나의 돌로 두 마리 토끼 잡기를 시도한 것이다. 일본의 공적개호보험을 특히 눈여겨보아야 할 것은 이 제도가 노인 수발로 고심하고 있는 한국에 던져주는 의미가 크기 때문이다. 우리의 경우 현재 정부가 2007년 시행을 목표로 '공적장기요양보호제도'를 준비하고 있다. 이때까지 자식의 효심에 맡겨져 왔던 노인 수발 문제를 정부가 나서 해결하겠다는 것이니 환영하지 않을 수 없다. 복지부가 기획한 내용에 따르면 2005~2006년에 중소도시, 농어촌 등 지역별로 시범사업을 한 뒤 2007년부터 단계적으로 제도를 시행하게 된다. 이에 따라 거동이 불편하면서도 자녀의 보살핌을 받지 못하는 저소득층 노인 40만 명이 전문요양병원 등의 시설을 이용할 수 있게 되며 간병인 지원을 받게 된다.

일본의 개호보험이 소득이나 자산에 상관없이 수발이 필요한 모든 노인을 대상으로 하고 있는 것과는 달리 한국의 장기요양보호제도는 저소득층 노인만을 대상으로 서비스를 실시할 것이라고 한다.

일본 정부가 수발 서비스를 '보편적'으로 제공하는 바람에 정부 재정이나 보험료 부담이 지나치게 됐다는 점을 염두에 둔다면, 우선 저소득층에 한정한 우리 정부의 안이 보다 타당해 보인다. 그러나 앞으로 장기수발에 대한 수요가 더 커지게 되면 공적 서비스를 확대할 가능성도 배제할 수 없다. 이러한 사태까지 염두에 두고 현재 일본의 공적개호보험이 전개되는 양상을 주목할 필요가 있겠다.

세대간 불균형을 넘어서

일본 노인들은 여행을 참 많이 다닌다. 일본 유명 관광지에서 마주치는 사람들 대부분은 60, 70대의 할머니, 할아버지들이다. 국내 여행뿐 아니라 해외 여행 관광객 가운데에도 노인의 숫자는 점점 늘고 있으며, 시간과 경제적 여유가 있는 노인을 고객으로 잡기 위해 여행사들은 노인용 상품을 많이 개발한다. 예를 들면 고혈압이나 당뇨가 있는 노인들이 여행 중 갑자기 상태가 나빠지는 경우를 대비해 미리 현지 병원과 연락을 취해 놓고, 영문 진단서를 만들어 지니도록 한다. 최근 한 여행사는 반신마비나 휠체어 생활을 하는 중증장애 노인들을 위한 해외 여행 패키지를 내놓았다. 개인 보조원이 있어 휠체어를 밀어주고, 식사나 배변 등 온갖 시중을 들어준다. 여행지에서 노인의 시중을 드는 사람은 해외 여행을 하고 싶지만 돈이 없는 청년들로 이들의 여행 경비는 노인의 경비에 추가된다.

일본 노인들 사이에 일고 있는 여행붐의 배경에는 노인의 경제력이 있다.『노인들의 사회, 그 불안한 미래』를 쓴 피터 피터슨은 "얼마 지나지 않아 노인들을 겨냥한 크루즈 여행 안내가 청소년 여름 캠프 광고를 대체할 것"이라고 예고하기도 했다. 계속 적자에 시달리던 일본의 유명 백화점 세이부는 최근 판매원 감축 등 구조 개혁을 단행하면서 백화점의 주요 고객층을 20대 여성에서 50대 이상의 여성으로 완전히 바꾸었다. 이제 경제력과 시간적 여유를 갖고 쇼핑할 수 있는 고객은 젊은 여성이 아니라 노년층이라는 사실을 파악한 것이다.

일본의 고령자들이 강력한 소비 집단으로 부상하면서 전세계 마케팅 연구자들은 일본을 벤치마킹 대상으로 연구하고 있다. 세계에서 가장 빠른 속도로 고령화가 진행되면서 새로운 수요에 대응하는 상품이 가장 먼저 개발되는 곳이 바로 일본이다. 특히 일본에서의 상품개발은 '노인에게 편리한 것'이 컨셉트다. 자동차를 예로 들어보자. 지난해 토요타가 신차로 선보인 모델들은 하나같이 뒷좌석 또는 조수석 문이 슬라이딩으로 열리고 좌석이 회전해 좌석에 앉은 채로 다리를 밖으로 내릴 수 있는 구조다. 아예 휠체어채로 타고 내릴 수 있는 모델도 있다. 마이크로 칩을 이용한 보청기와 시력보정기구 등 의료기구에서 스포츠 의학의 발달, 비아그라의 선풍적 인기, 성형수술의 발달도 사실은 지불 능력을 갖춘 노인들의 등장으로 인해 떠오른 현상인 것이다.

일본이 세계 최고령 국가임에도 불구하고 그나마 부담이 덜한 것은 노인들에게 경제력이 있기 때문이다. 대체로 근로자들은 은퇴하면 경제적 어려움에 처하게 되지만, 일본 노인들은 상황이 다르다. 평생 모은 저축과 부동산 등 자산을 갖고 있을 뿐 아니라, 매달 현역 시절 수입의 60%에 가까운 연금이 꼬박꼬박 나오므로 생활에 지장이 없다. 심지어는 70대에도 아르바이트로 소득을 올리는 노인이 적지 않다.[18]

문제는 부유한 노인들이 돈 주머니를 풀지 않는 데 있다. 사람은 나이가 들면 소비 성향이 줄게 마련이다. 언제 죽을지 모르는데 새로운 가구나 옷에 욕심을 내는 사람은 별로 없는 것이다. 게다가 일본의 노인들은 전후 궁핍한 시절을 근검절약으로 헤쳐온 세대답게 아끼고 모으는 것이 몸에 배어 있다. 자녀 양육으로 지출이 많은 젊은 세대와는 달리, 노인 세대는 돈을 써야 할 일이 거의 없다. 집세 걱정도 없고, 자녀와 별거하게 되면서 자식이나 손자에게 돈을 풀어야 하는 일도 없다. 이 때문에 일본 노인들은 정부로부터 받은 연금을 쓰지 않고 서랍 속에 차곡차곡 모아둔다. 일본 노인들 심리는 대강 이렇다. '계속 수명이 늘어나니 언제까지 살지 모른다. 그런데 정부가 복지예산을 삭감하면서 연금마저 언제 깎일지 모른다. 앞으로의 10년을 위해 돈을 아껴 쓰지 않으면 안 된다.' 이렇게 개미처럼 모아서 곳간에 쌓아둔 자산은 엄청나다. 노인 한 명이 사망할 때 보통 3,500만 엔의 자산을 남긴다고 한다.[19] 부모나 친척 노인의 부고를 듣고 달려온 젊은 사람들은 먼저 서랍부터 열어본다는 우스갯소리가 있을 정도다.

이렇게 자산이 시장으로 흘러 들어가지 않고 예금통장이나 장롱 서랍에 쌓여 있는 것은 전체 경제에도 해가 된다. 정부가 아무리 소비 촉진책을 쓰고 경기 부양책을 쓰더라도 돈이 시장으로 흘러 들어오지 않는 것이다. 이렇게 고령자층이 가진 부가 생산 부문으로 가지 않고 시장에서 퇴장돼 있는 것이 금융기관의 대출 기피 현상과 함께 일본 경제를 마비시키는 이유 가운데 하나로 꼽히고 있다.[20] 고령화 저출산에 따라 정부 부담은 늘어나는데 반대로 정부를 불신하는 국민들이 자구책으로 돈을 쌓아두기만 하면서 경제는 더욱 얼어붙고, 소비불황의 악순환은 계속될 뿐이다.

사정이 이러하니, 일본 노인들을 정부가 돌보아야 할 복지의 대상이라고 보기는 어렵다. 그런데 1973년 노인복지법을 토대로 한 현재의 사회보장체제는 노인들에게 꽤 관대하다. 병원에 가도 거의 공짜라고 할 정도의 저렴한 비용으로 진료를 받는다. 병원에 장기 입원을 하더라도 집에서 생활하는 것보다 더 적은 비용이 든다. 노인들에게 관대한 것은 의료 분야만이 아니다. 연금, 복지 서비스 등을 합하면 정부가 노인을 위해 지출하는 비용은 어마어마하다. 이렇게 정부 복지예산 가운데 노인 몫이 커지다 보니 당연히 다른 연령층에 돌아가는 몫은 줄게 마련이다. 현재 일본 복지제도의 문제점 가운데 하나가 바로 세대별 복지 혜택의 불균형인 것이다.

일본 사회보장 전체 예산에서 육아·보육 예산과 고령자 예산을 비교해보면 세대간 불균형이 보다 뚜렷해진다. 국립사회보장·인구 문제연구소가 정리한 1998년 통계를 보면 육아휴직수당, 보육원 운영지원, 아동수당 등을 포함한 육아·보육 예산은 2.4조 엔으로 사회보장 전체 예산 75조 엔 가운데 3.3%, 14세 이하 아동에 할당된 의료비 지원 1.9조 엔을 보태도 6%에 지나지 않는다. 반면 연금·의료를 포함한 고령자 예산은 47.8조 엔으로 전체의 66.3%다. 연금은 고령자 생활비 보장의 의미가 크므로 단순 비교하기는 어렵지만, 세대간 복지 공급이 균형을 잃었다는 점은 부인하기 어렵다.[21]

다음은 의료비를 비교해보자. 노인이 진료할 때 내는 자기 부담은 1972년 노인보건법을 실시하면서 전액 무료로 바뀌었다. 이것이 오히려 노인의료비 증가를 부추긴다는 점이 지적돼 1982년 노인보건법 개정 때 일부 부담을 도입했지만 거의 미미한 정도다. 노인들이 병원에서 내는 돈은 2001년까지 외래인 경우, 1일 530엔(월 4회까지)으로 제한돼 있었는데, 2001년부터는 진료 받은 비용의 10%를 부담하게 됐다.[22] 반면 아동의 경우는 부모의 직장의료보험조합에 속한 피보험자로서 진료비의 20%(조합원은 10%, 조합원 가족은 20%)를 지불해야 했다.[23]

야마토마치의 노인 시설 아이로엔에서 일하는 마리 씨는 원래 보육사가 되는 것이 꿈이었다. 전문대학에서 아동보육을 전공했으나 지금은 희망과는 달리 노인 시설에서 개호사로 일한다. 어린이 수가 점점 줄어들면서 (특히 지방의 경우는 정도가 더 심하다) 취직할 보육 시설이 줄어들었기 때문이다. 야마토마치뿐 아니라, 일본 어디를 가더라도 마리 씨와 같은 경우를 흔히 볼 수 있다. 어린이 보육 시설은 줄어드는 반면 노인 시설은 증가 추세다.

어린이 수의 감소로 인한 어린이 관련 산업의 축소도 눈에 띄게 드러나고 있다. 아동복을 만드는 한 중소기업은 몇 년 전부터 어린이 옷 대신 노인을 위한 옷으로 생산라인을 바꾸었다. 대학도 위기에 처해 있다. 과거 출산율이 높던 시절에 세워진 대학들이 신입생을 확보하지 못해 폐교 위기에 놓인 것이다.

일본에서는 2000년에 이미 65세 이상 인구가 15세 미만 인구보다 4,000만 명이나 많아졌다. 인구에서 15세 이하가 차지하는 비율은 1945년 37%에서 1994년 16%로 떨어졌다.[24] 이렇게 인구 피라미드가 안정적인 삼각형에서 역삼각형으로 바뀌다보니 시장이나 사회 시스템의 변화도 불가피해졌다. "어린이에 대한 열악한 사회보장 시스템이 저출산율을 부추기는지, 어린이 수의 감소가 점점 사회 환경권에서 어린이를 배제하는지"에 대한 질문은 "닭이 먼저인지, 알이 먼저인지"와 같은 부질없는 논쟁이 될지 모르겠다. 노인층에게 관대한 사회보장 시스템은 '노인은 사회적 약자'라는 인식으로 인해 예산 증대에 대해 국민의 합의를 쉽게 얻을 수 있었지만, 육아는 각 세대의 책임으로 여겨져 세금을 쓰는 데 국민적인 이해를 얻기 어려웠다는 점도 있을 것이다. 이구치 게이코(도쿄 대학교 가정학부) 교수는 "과거에는 육아는 여성의 일이라는 의식이 강했고 사회적 지원이 필요하다는 데 인식이 부족했다"고 설명한다.

이와 함께 '세대 정치'를 이해하지 않으면 안 된다. 어린이를 키우는 젊은 여성들은 정책을 결정하고 예산을 배분하는 권력층에서 가장 멀리 떨어져 있다. 반면 정치건 경제건 행정이건 권력을 쥔 사람들은 50~60대다. 최근 20년간 일본 신문의 독자투고란에는 노인 기고율이 점점 높아져왔다. 그만큼 노인층이 여론 형성에 미치는 힘이 크다는 것이다. 정책을 만들고 실행하는 국회의원도 대부분 장년층이다. 곧 은퇴할 나이인 이들이 고령자에게 유리한 정책을 펴는 것은 두말할 것도 없다. 물론 이러한 세대 정치는 일본에 국한된 얘기는 아니다. 미국에서 정년퇴직자로 이루어진 AARP는 강력한 이익집단으로 정책 결정을 좌지우지한다. AARP는 회원수가 3,500만 명이며 한 해 예산만도 6억 달러가 넘는 거대한 조직이라고 한다.

일본에서 사회보장의 세대간 불균형은 점점 세대간 갈등으로 이어지고 있다. 현역세대는 부유한 고령자를 부양하기 위해 많은 세금을 내야 한다는 점에 불만을 품고 있다. 젊은층은 취직이 어려워지고 경제가 나빠지는 것은 노인들이 너무 오래 살기 때문이라고 생각한다. 많은 청년이 번듯한 직장 대신 자발적 반실업자 상태인 '프리타'(프리랜서)로 살아가는 이유는 취업 문턱이 높기 때문이기도 하지만 한편으로는 책임과 의무가 없는 삶을 원하기 때문이다. 물론 '세금을 내지 않아도 된다'는 점도 빠뜨릴 수 없는 이점이다.

나이든 세대 역시 젊은 세대를 바라보는 시선이 곱지 않다. 전후 고도 경제성장기에 태어나 부족한 것이 없이 자란 젊은 세대에 대해 노인들은 "스스로 삶의 목표를 정하고 고난을 이기려는 강인함이 없다"고 생각한다. '평화' 시대에 자라나 머리가 멍청해졌다는 '헤이와보케(平和癡保)'에게 일본의 미래를 맡겨야 한다는 사실에 기성세대는 불안을 표시하기도 한다.

이렇게 고령화로 인해 발생하는 사회적 긴장은 일본이 앞으로 해결해야 할 중요한 과제다. 인구가 늙어가는 만큼 새로운 세대가 계속 태어나야 사회가 활기를 유지할 수 있는데, 부양 받아야 할 노인들은 늘어만 가고 이들을 돌볼 젊은 세대는 점점 숫자가 줄면서 노인 부양 문제가 무거운 짐이 되고 있다. 게다가 세대간 갈등은 경제성장의 발목을 쥐고 사회 통합까지 크게 저해하고 있는 것이다.

일본에서 고령화 종합 대책인 골드플랜이 나온 것이 1989년, 반면 저출산에 대한 종합 대책인 엔젤플랜은 1994년에 나왔다. 사회의제를 고령자 쪽에 맞춰온 일본이 본격적으로 여성의 사회 참여를 유도하고 출산을 장려하는 대책을 마련하기 시작한 것이다. 우리보다 앞서 준비해온 일본이지만, '저출산 고령화'는 여전히 일본의 최

---

*무기력한 일본 젊은이들을 비꼬아서 가리키는 말

대 숙제다. 일본 못지않은 속도로 고령 사회를 향해 달려가는 우리
에겐 머뭇거릴 시간이 없다.

다시 가족을 생각한다

일본에서 연구 활동을 끝내고 한국으로 돌아온 지 반년이 지난 즈음, 야마토마치의 이웃 마츠다 아줌마로부터 편지가 왔다. 외동딸이 결혼해 사위와 함께 생활하게 됐다는 내용이다. '이제야 마음이 놓인다'는 기분이 편지 행간에서 생생히 느껴진다. 결혼을 하면 대부분 여성이 남편 성을 따르고 시댁에 들어가지만 사위가 처가 성을 따르고 처가살이를 하는 경우가 종종 있다. 마츠다 아줌마도 데릴사위를 들인 셈이다. 사실 이혼한 뒤 혼자 사는 마츠다 아줌마는 유일한 가족인 딸이 결혼하고 분가를 할까봐 여간 노심초사한 것이 아니었다. 딸 부부와 함께 살 수 있도록 주택을 개조한 것도 그 때문이다. 2층에 화장실과 부엌을 따로 만들고 출입구를 따로 만드는 등 3세대가 함께 지내도 불편하지 않도록 하였다. 그가 이렇게까지 자식 부부와 동거하기를 원한 것은 노후를 미리 걱정해서였다.

어머니는 젊은 시절, 예쁘고 비싼 식기를 사들일 때마다 "이건 네가 시집갈 때 줄 것"이라고 말했다. 집을 늘리거나 부동산을 살 때면 꼭 "이건 너희 형제들에게 나누어 줄 것"이라고 다짐을 두었다. 그런데 사정이 변했다. 60대 중반이 되어서도 앞으로 할 일을 노트에 적어둘 정도로 삶에 대한 의욕이 넘치는 그 분은 자식들이 행여 당신 재산을 넘볼까 봐 "이건 내가 죽기 전에 다 쓰고 갈 것"이라고 못을 박았다. 야박하게도 들렸다. 그런데 사실 그 분에게는 노후를 스스로 책임져야 한다는 절박한 의식이 생긴 것이다.

예전에 환갑이면 온 가족과 친지가 모여 떠들썩하게 잔치를 벌인 것도 60세까지 장수하는 것이 드물었기 때문이다. 그러나 이제 60세는 겨우 '6학년', 7·8·9학년을 향해 새로운 출발을 하는 나이다. 그러나 수명은 보너스로 주어졌지만, 경제적인 자립 토대마저 거저 주어지지는 않았다. 당연히 자식 몫으로 생각하고 모아온 재산을 자신의 노후 생활비로 대기 시작한 것이다.

위의 예에서 보듯이 3세대 동거에는 '부양-상속'이라는 거래가 숨어 있다. 마츠다 씨가 딸 부부에게 제공하는 거주 공간이나 유산으로 물려줄 부동산은 바로 '자신의 노후를 위한 예금통장'이 아닌가. 나의 이런 생각이 지나친 것일까. 오늘날 일본에서 가족은 경제

단위면서 동시에 '부양을 위한 단위'다. 즉 부모 자녀는 동거를 통해 '부양 서비스 제공(자녀 입장)-주거 공간 제공(부모 입장)'이라는 공식으로 서로의 이익을 실현한다. 자녀가 부모의 집에서 생활하면서 주거비, 생활비 일부를 절약하는 데 대한 보상으로 부모의 몸이 불편하거나 어려움을 겪을 때 병원에 모시고 가거나 직접 돌보는 등의 부양 서비스를 제공하는 것이다.

부모 자녀 사이의 당연한 의무며 권리인 동거와 부양을 이렇게 타산적인 행위로 풀어 놓은 것에 거부감을 갖는 분도 적지 않으리라. 그러나 인간의 행위를 효용과 합리성으로 해석하는 것이 경제학의 출발점이다. 동거·별거를 하나의 연구 테마로 삼는 가족경제학에서 '효'라는 가치는 이러한 거래를 미화하는 이데올로기일 뿐이다. 물론 평균 수명이 짧았을 때에는 부모와 동거를 하면서 (길어야 몇 년) 부모를 수발하는 것이 '효도'나 '보은' 가치를 위해 충분히 감내할 만했다. 그러나 이제는 부모를 부양해야 할 기간이 십수 년에 이르게 됐다. '효'라는 이데올로기만으로 감당하기 힘들게 된 것이다. 차라리 자녀의 부양 부담에 경제적인 동기를 부여한다면 받는 쪽이나 주는 쪽이나 훨씬 쉬워질 것이다. 한국에서는 1990년 민법을 개정하여 형제간 균등 상속을 결정했다가 최근 부양 인센티브를 주는 쪽으로 바뀌었다. 이러한 조치는 부양 부담으로 멀어져 가는 부모-자녀 관계를 경제적인 인센티브로 봉합한다는 측면에서 오히려 현실적인 방안이 아닌가 싶다.

한편 부양-동거 관계는 결국 부모의 소비 수준, 상속 행위에까지 영향을 미친다. 동거율이 높을수록 부모의 상속 의지가 높아지고 자녀나 손자에게 더 많이 베풀려 하므로(조부모와 함께 사는 집의 어린이들이 용돈을 넉넉하게 받는다), 거시경제 관점에서 보면 은퇴세대로부터 현역세대로의 소득 이전도 활발해진다. 재미있는 점은 최근 일본 정부가 노인세대와 자녀세대의 동거를 부추기는 정책을 은근히 펼치는 것이다. '3세대 동거 주택'에 대한 비과세 혜택이 대표적이다.

2003년 세제 개정에 따라 우선 3세대 동거 주택을 지을 때 주택 자금 융자를 우대할 뿐 아니라 함께 살던 집을 자녀에게 상속할 경우 2,500만 엔까지는 세금을 내지 않는다. 또 이번 세제 개정에서 새로 도입된 '상속시 정산과세제도'도 도움이 된다. '상속시 정산과세제도'는 비과세 범위나 세율 면에서 상속세보다 불리하던 증여세를 조정하여 세금 부담을 덜어준 것이다. 또 증여할 때도 2,500만 엔까지는 세금을 내지 않는다. 2,500만 엔 이상 증여분에 대해서는 일단 증여세를 내지만 이후 상속할 때 이미 납부한 증여세분이 공제된다. 2005년까지의 한시적인 조치지만 부모에게 받은 돈이 주택 취득 자금인 경우 비과세 폭을 1,000만 엔 이상 늘려 3,500만 엔까지 비과세로 했다. 이와 함께 동거가 아니어도 이웃에 사는 것만으로 부모가 자녀에게 물려주는 주택 취득 자금에 세금 특례가 적용된다. 이웃에 사는 것만으로도 몸이 불편할 때 자녀가 수발할 수 있기 때문이다.

조세연구회의 특별위원인 미야지마 히로시 교수(와세다 대학교 법정학부)와 인터뷰할 때 2003년 세제 개정의 방향에 대해 물어봤다. 그는 "일본인의 개인 금융자산은 총액 1,400조 엔에 이르는데 그 가운데 60%가 60~70대의 소유다. 소비 욕구가 낮은 고령세대에게 자산이 집중된 것은 자산의 퇴장을 일으키며 디플레의 원인이 된다. 세대간 소득 이전을 통해 경제를 활성화하는 것이 세제 개정의 큰 방향 중 하나다"라고 설명한다.

동거·별거는 지극히 개인적인 선택이지만, 그 파장은 크다. 동거가 개인적으로는 주거 비용 절약, 유산 상속, 개호 서비스 확보 등의 의미를 띤다면 거시경제 관점에서는 국민저축, 유동성 증가 등으로 이어진다. 무엇보다 세대 동거는 가족에게 남은 부양 능력을 활용해 공적인 노인 수발 비용을 줄이려는 정부의 의도와 맞아떨어진다.

최근 인구 동태를 보면 세대간 별거율이 계속 떨어지다가 주춤하는 것을 볼 수 있다. 부모·자녀 동거가 늘어나는 현상을 두고서 '가족 가치로 회귀'하는 것이라고 해석할 수 있을까? 극단적 개인주의에 대한 반동으로 가족 가치와 동거의 이점이 다시 부각되는 것은 사실이다. 그러나 이러한 움직임의 배후에는 제3의 길을 찾는 일본 정부의 잘 짜인 전략이 있다는 점 또한 간과해서는 안 될 것이다.

지역 정치가 바뀌고 있다

일본은 지역에 따라 일상생활에서 누리는 복지 서비스가 천차만별이다. 하위 지방자치단체(지자체)가 복지 서비스의 상당 부분을 결정하는 주체이기 때문이다. 일본의 행정체계는 도도부현(都道府縣, 광역지자체), 시정촌(市町村, 기초지자체)으로 나뉜다. 행정단위에 따라 업무 영역과 권한이 다른데 복지에 관해서는 광역지자체보다 기초지자체의 권한이 더 많다. 구체적으로 보면 복지 서비스에 대해 중앙정부가 11가지, 도도부현이 15가지, 시정촌이 64가지 결정권을 갖고 있다. 특히 하수도, 의료, 보건, 개호 등 지역주민이 피부로 느끼는 생활 관련 업무가 최근 몇 년 동안 모두 기초자치단체로 넘어갔다. 그런데 주민의 생활과 직접 관계하는 시정촌에 생활 서비스의 결정권을 위임한다는 취지는 좋았으나 그 결과 지역주민이 받을 수 있는 서비스의 질과 양이 크게 달라지는 문제점이 나타나게 됐다.

야마이 카즈노리는 복지 서비스에서 지역간 차이가 나는 이유로 고령화율[25]과 세대구조의 차이(자녀세대와 동거하는 비율), 지자체의 재정력 차이, 복지에 대한 단체장 또는 행정 담당자의 인식 차이를 들고 있다. 이 밖에 주택 사정이 어떤지, 지역사회에서 상부상조 전통이 남아있는지, 특별양호노인홈이나 재택개호지원센터 등 재택서비스의 거점이 있는지, 복지 서비스에 대한 주민의 요구가 높은지 등도 영향을 미친다. 지자체의 재정이 풍부하다면 노인 시설이나 보육원 등 복지 시설도 잘 갖추어지겠지만, 재정이 풍부하지 않고 복지에 대한 단체장의 이해가 부족한 곳은 변변한 시설조차 찾아보기 어렵다는 것이다.

특히 흥미로운 점은 세대 구조(자녀세대와 동거 여부)와 복지 비용의 관계다. 개호보험제도의 경우 시정촌의 사정에 따라 지역주민이 내야 하는 보험료가 모두 다르다.[26] 이는 지역마다 고령화율, 평균수명, 질병 발병률, 의료비, 가족 구조 등이 모두 다르기 때문인데, 지역에 따른 보험료의 차이는 상당해서 어떤 지역은 1,000엔 대에 지나지 않은가 하면 4,000엔 대에 이르는 지역도 있다. 노인이 가족과 동거하는 비율이 높고 질병에 걸리는 비율도 낮은 나가노 현과 노인의 병원 입원률이 높고 질병 발병률도 높은 홋카이도의 보험료가 같을 수 없다. 노인이 가족과 떨어져 독신생활을 하거나 시설에 입소하는 비율이 높은 간사이(關西) 지방, 특히 오사카의 경우 개호보험료가 3,135엔으로 높고, 역시 노인들의 '사회적 입원' 률이 높은 홋카이도(3,193엔)나 아오모리 현(3,247엔)도 높은 편이다. 일본에서 여성의 평균수명이 가장 긴 가고시마 현의 경우, 노인의 독거율이 높은 때문인지 보험료(3,033엔)도 높은 편이다. 반면 가족과의 동거율이 높은 후쿠시마 현(2,153엔) 야마니시 현(2,237엔) 등은 보험료가 낮다.

과도한 노인복지 비용으로 허덕이는 정부 입장에서 가족의 통합이 완충 역할을 할 수 있다는 점에서, 가족 해체는 고령 사회에서 상당히 관심을 기울이고 대책을 마련해야 할 현상임을 시사한다.

니가타 시의 중소기업에서 정년퇴직한 E씨는 지난해 야마토마치에 집을 구입하고, 이곳으로 이주했다. 그는 정년을 1년 앞둔 시점부터 제3의 인생을 보낼 장소를 물색하고 다녔다. 거액의 퇴직금과 매달 나오는 연금이 있으므로 경제적인 고민은 없다. 현역 못지않은 경제력을 바탕으로 그는 정년을 새로운 인생을 찾는 분기점으로 삼고자 하였다.

그가 새로운 주거지로 꼽는 조건은 신선한 공기를 마시며 밭농사를 지을 수 있는 전원 지방이면서 자녀와 친척이 쉽게 찾아올 수 있도록 교통이 편리해야 한다는 것이다. 이러한 조건과 함께 그가 따진 것이 그 지역의 의료, 복지 수준이다. 건강할 때는 모르지만, 일단 뇌졸중이나 낙상으로 드러눕게 되면 가장 절실한 것이 가까운 곳에서 손쉽게 개호 서비스를 받을 수 있는지 여부인 것이다. 한 출판사가 펴낸『연금으로 풍요롭게 살 수 있는 일본의 마을 가이드』도 참고했다. 가이드에 따르면 대중교통 시설이 충분한가(일본의 시골은 대부분 자가용 운전자 중심으로 생활환경이 갖추어져 운전이 힘들어지는 노인들에게는 대중교통이 매우 중요하다), 싸고 다채로운 음식 재료를 구할 수 있는가(식료품이 노인들의 소비에서 가장 큰 비중을 차지하며, 다양한 음식을 섭취하는 것은 건강 유지와도 밀접한 관련이 있다), 기후가 온난한가, 이주자가 쉽게 어울릴 수 있는 분위기인가(나이가 들면 새로운 환경, 새로운 사람들과 친해지는 것이 점점 어렵다. 인구가 적은 시골은 외지인에 대한 배척이 심하므로 지역 분위기

또한 중요하게 따져보아야 한다), 자녀나 친척이 쉽게 찾아 올 수 있는 위
치인가 등이 중요하다. 또 병원이나 의료 시설이 가까이 있는가, 노인 시
설이 가까이 있어 만일의 경우에 쉽게 들어갈 수 있는가도 따져보아야 한
다. 야마토마치라면? 여름의 혹독한 더위와 겨울의 지긋지긋한 눈은 꺼
려지지만 대신 봄가을의 아름다운 마을 정경을 즐길 수 있다. 물가도 싸
고, 텃밭을 가꾸면 건강에도 좋고 야채 과일 걱정은 하지 않아도 될 것이
다. 신칸센이 지나니 도쿄에 사는 자녀들이나 니가타 시의 친지를 방문하
는 데도 문제가 없다. 게다가 이 지역 노인들의 평균수명이 높고, 병원 입
원률도 낮은 편이다. 의료라면 구로이와 선생이 있지 않은가.

이렇게 지역간 복지 서비스의 차이 때문에 일어나는 것이 '복지유
민'이다. '복지유민'이란 지역의 복지 수준에 따라 인구 이동이 일어
나는 현상을 가리킨다. 특히 복지유민은 정년퇴직을 계기로 주로 이
루어진다. 정년퇴직은 종신고용제 사회가 정해놓은 환승역이다. 새
로운 인생을 설계하면서 가장 중요한 일이 바로 '어디에서 살 것인
가'를 결정하는 것이다. 새로운 인생을 찾는 것은 새로운 주거지를
찾는 것과 관련이 깊다. 복지유민자는 국내에서만 움직이는 것이 아
니다. 여담이지만 최근 일본인 정년퇴직자들은 쾌적한 생활을 찾아
하와이나 플로리다로 이주하는 경우가 늘고 있다고 한다. 이민을 주
선하는 중개소나 안내서가 다양하게 나오고 있다. 이 안내서들은 일
본인이 받는 연금으로 세계 어디에서나 안락한 노후를 보낼 수 있다

고 설명한다. 일본인 삶의 선택 범위를 해외에까지 넓혀 놓은 경제력, 엔고의 위력이 부러울 뿐이다.

이러한 복지유민을 의식해서인지, 요즘 일본 지자체는 복지·건강 프로그램을 개발하는 데 여념이 없다. 주민의 수가 점점 줄어드는 시골의 경우, 복지유민 유치는 일종의 지역 살리기 운동인 것이다. 특히 시정촌 합병을 앞두고 주민 수는 하나의 시정촌이 살아남기 위한 잣대다. 각 지자체는 예전에는 기피했을 치매 노인 시설을 짓거나 특색 있는 노인 시설을 유치하기 위해 경쟁을 벌이기도 한다. 노인 주민을 대상으로 건강 프로그램을 펼치거나 실향민을 고향으로 불러들이기 위해 향수에 호소하기도 한다. 자산이 많은 노인 주민을 유치하는 것은 기업을 유치하는 것만큼 의미가 있는 것이다.

이러한 지자체의 노력 덕분에 지역은 점점 노인에게 쾌적한 장소로 바뀌어가고 있다. 지자체는 어떻게 보면 가족과 정부를 잇는 연결고리 역할을 한다. 혈연으로 이어진 가족이 애정과 관심으로 정서적인 부양을 담당한다면 정부는 전체적인 제도를 마련하고 예산을 분배함으로써 공적 서비스 기반을 마련한다. 이를 토대로 지자체는 지역 노인과 직접 접촉하면서 이들에게 필요한 서비스를 제공하는 것이다. 이러한 순환고리를 통해 노인 부양을 떠안은 세 주체, 가족·지역공동체·국가의 공조가 더 견실해지고 있는 것이다.

노인 부양이 지자체의 주요 과제가 되면서 일본의 지방 정치 또한 바뀌고 있다. 이전에는 토목 공사, 기업 유치 등 경제 우선 정치를 폈던 지자체가 점점 생활 정치로 눈을 돌리게 된 것이다. 고도 경제 성장기 동안 뒷전에 밀려나 있던 수도, 쓰레기, 의료, 복지 등 주민의 몸에 와닿는 생활 행정이 이제 정책 우선순위를 차지하게 됐다. 지자체장 선거에서 후보들은 노인 시설을 방문하고, 노인복지나 육아 지원, 환경 문제 개선 등을 공약으로 내걸고 있는 것이다. 제한된 자원 안에서 주민에게 필요한 서비스를 제공하는 것이야말로 지자체장의 능력이고 소임이라는 의식이 널리 퍼지고 있다.

'고령 사회'는 복지의 시대면서 지방 자치의 시대다. 한국에서도 고령화율이 높아짐에 따라 지방 정치, 행정은 비용 효율적인 복지 서비스를 제공하는 것에 초점이 모아질 것이 틀림없다. 물론 이는 개별 가족과 중앙 정부와의 긴밀한 협조가 없다면 달성되기 어려운 과제일 것이다.

3장   정 부 와 시 장 의 최 적 믹 스

미야지마 히로시(와세다 대학교 법정학부, 정부 세제개혁위원회 특별자
문위원) 교수는 일본 복지 개혁의 방향에 대해 이렇게 설명했다.

"노인들은 더 이상 가난하고 힘없는, 그래서 정부의 도움을 받아
야만 하는 계층이 아니다. 현역세대와 마찬가지로 사회에 대해 책임
을 나누어 져야 한다. 현재 일본에서 진행되는 복지 개혁의 요지는
바로 계층간 복지 혜택과 부담의 형평성을 되찾는 것이다."

연금, 의료보험, 개호보험 등 일본 복지 개혁에서 나타나는 가장
큰 특징은 노년세대에게 더 많은 부담을 요구하는 것이다. 이때까지
공짜나 다름없을 정도로 저렴하게 받아온 의료 서비스, 가족에게 무
상으로 받아온 개호 서비스에 대해 비용을 지불하게 하고 연금을 받
는 부분에서도 어느 정도의 희생을 요구하겠다는 것이다. 이때까지

노인들이 매달 받는 연금은 소득세 대상에서 제외되었고, 노인들이 보유한 자산에 대해서도 역시 재산세 과세가 공제되어 왔다. 그러나 이러한 세금 혜택 역시 '세제 개혁'을 통해 자꾸 축소되고 있다.

고령화 사회에 접어들면서 노인복지를 확대하려는 한국의 입장에서 보면 이해하기 어려운 일이다. 스웨덴, 덴마크 등 북유럽 복지국가를 지향하며 일본 복지가 지금까지 걸어온 길을 되돌아볼 때 지나친 감도 없지 않다.

무엇보다도 이러한 정책 방향이 나오게 된 것은 연금, 의료보험의 적자 규모를 줄이지 않으면 나라 전체가 찌부러질지 모른다는 위기의식 때문이다. 복지국가의 가장 큰 폐해가 국민의 조세 부담이 지나치게 늘어나고 이에 따라 경제가 탄력을 잃어버리는 점인데, 지금의 일본 상황이 이에 꼭 들어맞는다.

조세, 사회보험료 등으로 일본 국민이 납부하는 국민 부담율은 2000년에 이미 국민소득의 36.9%를 넘어섰다. 이 수치는 고령화의 진전과 함께 얼마 지나지 않아 50%를 넘어설 전망이다.

높은 세금으로 근로자들이 의욕을 잃고, 기업과 고급 인력이 세금이 낮은 인접국으로 빠져나가는 것을 우리는 이미 대처 수상 이전의 '영국병'을 통해 목격했다. 일본이 1990년대 장기불황의 터널에서 완전히 빠져 나오지 않은 채 중국의 급부상과 국제화 등을 목격하면서 느낄 위기감은 쉽게 상상이 된다. 이 때문에 일본은 노인층을 희생양으로 삼아 복지 개혁에 사활을 걸고 있는 것이다. 물론 복지 개혁을 통해 국가경쟁력을 회복하고자 애쓰는 것은 일본만이 아니다. 스웨덴, 독일을 비롯해 프랑스, 이탈리아 등 선진국마다 연금제도를 중심으로 복지제도의 틀을 뜯어 고치느라 몸살을 앓고 있다. 인구 8,200만 명 가운데 실업자가 400만 명이며, 대형 은행들의 불량 채권과 업적 부진 등으로 인해 '제2의 일본'으로 지목되는 독일이나 세계 최고의 복지국가 스웨덴 등이 대표적인 경우다.

전후 자본주의 황금기에 시작해 계속 확장해 온 복지국가 체제가 21세기에 들어서면서 더는 유지하기 어렵게 되었다. 고도 경제성장, 완전고용 환경에서 완성된 현재의 복지제도는 지구적 차원의 경제 재편과 저성장 아래에서 변화에 내몰리고 있다. 이렇게 복지 개혁이 논의되면서 복지 서비스는 민영화되고, 심지어 공적 연금제도의 필요성까지도 의문이 제기되고 있다.

정부가 주도하는 복지 체제는 이렇게 정부가 비대해져 비효율적일 우려가 있다. 그렇다면 복지 분배 기능을 시장이 맡는 '시장주의' '자유주의'가 바람직한가? 하지만 오늘날 복지 개혁을 이념적으로 떠받치는 '시장주의'가 고령화 사회에 대한 대응 방식으로 적절한지는 의문을 제기하지 않을 수 없다. 노인이 더 이상 경제적 약자가 아닌 일본의 상황에서 시장의 활용은 적절하기는 하지만 시장에 대한 과신은 또 다른 위험을 내포하기 때문이다. 그 예로는 사적 보험 시장의 한계, 소득 자산 분배의 불균형, 여성의 빈곤 심화 등 여러 가지를 들 수 있다. 결국은 정부냐 시장이냐 하는 선택이 아니라, 양쪽의 위험을 피해가는 '정부와 시장의 최적믹스'를 현명하게 모색해야 할 것이다.

고령화라는 새로운 환경은 어느 나라에서나 커다란 도전이 되고 있다. 특히 세계에서 가장 빠른 속도로 고령화가 진행되는 한국에서 그 도전은 어디와도 비교할 수 없을 정도로 심각하다. 일본과 달리 노년층이 경제적 약자인 우리 현실에서는 우선 노인복지의 기초를 탄탄히 하는 것이 시급하다. 물론 복지 확대와 더불어 국민의 조세 부담이나 경제에 미치는 영향을 신중히 고려해야 할 것이다. 경기가 바닥에 떨어지고 기업 실적이 부진한 상태에서 '고령자 취업'은 공허한 구호에 지나지 않을 테니 말이다. 또 정부가 복지 예산을 어디에 어떻게 쓰는지, 계획하는 사업이 타당한지 국민이 관심을 갖고 지켜보지 않으면 안 된다. '고령화 쇼크'라는 초유의 현실 앞에서 정부의 역할을 기대하는 한편 국민도 현명한 관람자가 되지 않으면 안 되는 것이다.

언제부터인가 주위 사람들과의 대화 가운데 부모님에 대한 내용이 자주 등장하게 됐다. 신체적으로나 정신적으로 허약해지시는 부모님, 은근히 자식과의 동거를 기대하시는 부모님에 대해 미안함과 부담감을 느끼는 건 나만은 아니었다. 이미 중년의 나이에 들어선 주위 사람들의 얘기를 듣다 보면 와상, 치매 노부모 부양은 TV드라마에나 나오는 내용이 아니라는 것을 알게 됐다.

일본에서 수많은 사례를 보고 들으며, 또 그들 나름대로 정리한 '노인 부양의 사회화'라는 편리한 사고로 일찍 무장한 나에게도 현실은 그리 간단하지 않았다. 마음과 머리가 따로 노는 문제가 되어버리는 것이다. 일과 가정의 양립, 농경사회의 가족연대와 탈근대사회의 개인주의 사이의 갈등, 준비되지 않은 노후와 다가오는 노년에 대한 불안감이 중첩된 가운데 언제부터인가 '노부모 부양'은 도덕과 현실이 극단적으로 부딪히는 문제가 됐다.

현실에 대한 인식과 도덕적 잣대 사이에서 더 가파르게 내몰리는 것은 여성이다. 결국 가사나 육아와 마찬가지로 '노부모 부양'도 여성의 몫이기 때문이다. 일본에서 나타나듯이 노부모 부양은 가정 파탄의 원인이 되는 것도 사실이다.

결국 주요 부양자인 여성의 입장에서 얘기할 수밖에 없다. 그리고 평균 수명 80세 시대 노부모 부양은 이제 몇 년으로 끝나지 않는다는 현실도 직시해야 한다. 새로운 가족 구조와 변화한 사회 환경을 냉철하게 바라본 위에 현실성 있는 부양관을 세워야 하는 것이다. 결국 이 책의 요지는 "노부모 부양은 더 이상 자식의 책임이 아니다"라는 것인데, 내 부모님을 포함해 많은 어르신이 이를 괘씸하게 여길 것이다. 그러나 언제까지나 도리에 매달릴 수는 없는 것이다. 평균수명 80세 시대에는 대부분의 자식이 불효자가 될 수밖에 없다. 이러한 현실을 인정하고 공론화하는 데는 용기가 필요하다.

'새로운 부양관'이라고 해서 '현대판 고려장'을 하자는 것이 아니다. 현대판 고려장이야말로 명분과 현실의 간극이 극단적으로 벌어질 때 일어나는 결과다. 오히려 가족과 사회, 정부가 분담하는 현실적인 부양 대책이야말로 고령 사회의 비극을 피할 수 있다. 실버타운에서 시설의 가족과 편안한 노후를 보내는 일본의 노인들을 보면서 '돈으로 산 서비스가 마지못해 하는 자식의 보살핌보다 낫다'는 확신도 얻게 됐다.

일본에서 만난 많은 사람이 "한국에는 아직 효 사상이 남아있지 않느냐"고 부러워들 했다. 사실이다. 일본과 비교할 때 아직까지 한국에서는 자식, 가족이 노부모 부양을 떠맡고 있어서 겉으로 볼 때는 가족의 유대감이 강한 것처럼 보인다. 하지만 도리, 가족애라는 꺼풀을 젖히면 안에서는 노인 학대, 가족 갈등으로 곪고 있는 것 또한 사실이다. 가족이라는 이름으로 한 사람의 며느리가, 또는 배우자가 육체적, 정신적, 도의적 갈등을 떠맡게 해서는 안 된다. 더 이상 가족 내 한 사람의 희생을 요구할 수 있는 시대도 아니다. 무엇보다 마지못해 하는 보살핌을 받는 노인이 가장 큰 피해자다. 지금부터는 누구라도 실천할 수 있는 '효'를 찾지 않으면 안 된다.

　노인 부양이 사회 전체의 몫이 된다고 해도 자식만이 할 수 있는 역할은 여전히 크다. 노부모를 이해하고 정서적으로 지원하는 역할은 여전히 중요하고 가치 있는 일이다. 또 새로운 부양 형태를 마련하기 위해서는 사회적으로 준비해야 할 일도 많다. 사회 전체가 납득하고 유지할 수 있는 제도도 만들어야 하고 사명감 있는 복지 인력을 양성해 의욕적으로 일할 수 있는 환경도 만들어야 한다. 가족, 지역공동체, 정부의 역할분담도 이제부터 모색해야 할 작업이다.

　우리는 이제 겨우 고령화 사회의 문턱에 발을 들여놓았을 뿐이다. 갈 길은 멀고 할 일은 많다. 우리의 효 사상을 재정립하고 실질적인 노인 부양 시스템을 마련하는 일은 바로 10~20년 뒤 '고령 사회의 재난을 희망으로 바꾸는 일인 것이다.

이 책을 완성하기까지 많은 사람의 도움을 받았다. 야마토마치의 의사선생님들, '아이로엔'과 재택개호센터의 직원들, 누워 지내시는 노인을 가까이서 지켜보도록 허락해준 동네 사람들, 낯선 이국생활을 따뜻하게 보살펴준 많은 사람들. 이들은 나에게 노인복지를 딱딱한 이론으로서가 아니라 살아있는 감정으로 배우게 해주었다.

무엇보다 1년 동안 외국에서 공부하는 아내, 며느리를 관대하게 지켜봐준 남편과 시부모님이 없었다면 이 책은 나오지 못했을 것이다. 1년의 연구 기회를 준 일한문화교류기금, 출판 지원을 해준 한국관훈클럽, 출판을 기꺼이 맡아준 궁리출판에도 감사한다.

주

1부

1) 울산시 사회복지협의회가 실시한 '울산시 치매노인의 현황과 부양가족의 욕구조사'에 따르면 부양자의 하루 간병시간은 15시간 이상이 51.6%, 12~15시간이 11.7%, 8~12시간이 6.8%로 드러났다.

2) 岡本祐三.『高齢者醫療と福祉』, 岩波新書, 2001.
本澤みよ子.『公的介護保險(ドイツの先例に學ぶ)』, 日本評論社, 1996.

3) 岡本英男. "日本における福祉國家論の展開とその理論的特質" 2000.

4) 田多英範.『現代日本社會保障論』, 光生館, 1994.

5) 현재 진행되는 일본 연금개혁에서는 '아르바이트 주부의 보험료 부과'가 논의되고 있다. 이때까지는 주부의 경우 수입이 연간 130만 엔 이하면 보험료가 면제되었는데 하한선을 65만 엔까지 끌어내리겠다는 것이다. 즉 일년에 65만 엔 이상을 벌면 다른 직장인과 마찬가지로 연금 보험료를 내야 한다. 또 취업을 하지 않고 남편의 보험료로 연금 수급 자격을 얻을 수 있는 샐러리맨의 아내인 전업주부(제3호 피보험자)에게서도 보험료를 거두는 방안을 검토하고 있다. 이러한 조치는 이때까지 연금제도가 가계소득원인 남편과 전업주부로 이루어진 세대를 모델로 삼았던 것에 반해 맞벌이 부부 세대를 모델로 삼겠다는 것으로, 사회보장제도 설계에서 획기적인 전환이라고 할 만하다.

6) 맞벌이로 보통 가정의 두 배 수입을 얻는 DINKS 가족과 표준세대(샐러리 맨 남편, 전업주부, 자녀로 구성되는 세대)를 비교해 보자. DINKS 가족과 표준세대가 동일 소득을 올린다고 가정하면 소득세를 낼 때 DINKS 가족이 훨씬 유리하다. 소득세가 세대별로 합산한 금액에 부과(종합과세)되지 않고 개인별로 부과(분리과세)되기 때문이다. 현재 일본의 소득 세제는 세율이 누진 구조인데다가 급여 소득공제가 수입에 따라 달라진다. 이 세제에서는 부부 중 한 사람만 고소득을 번 경우와 부부 두 사람이 번 임금을 합한 소득 이 같은 경우 DINKS 가족의 세액이 압도적으로 적다.

2부

1) 2000년 공적개호보험을 도입한 이후 하루에 의료나 개호 서비스를 둘 다 사 용하는 것은 서비스 과잉사용으로, 의료보험 재정이나 개호보험 재정에 악 영향을 미친다는 이유로 금지됐다.

2) '平成 8年 患者調査', 統計情報部.

3) 1997년은 17.7일, 1998년은 19.4일, 1999년은 18.9일. 유키구니 종합병원 자료.

4) 한국보건사회연구원, 「노인장기요양보호 욕구 실태 조사 및 정책 방향」 2001.

5) 1976년 미국의 록히드사 감사를 맡은 회계사가 미 의회에서 증언함으로써 불거진 이 사건은 록히드사가 일본에서 항공기를 판매하기 위해 1,000만 달 러의 비자금을 다나카 수상과 일본 정부고관들에게 지불한 일로서 일본의 대표적인 뇌물 사건이다. 다나카의 후임인 미키 수상의 지휘 아래 이루어진 수사 결과에 따라 다나카 전수상은 그 해 7월에 체포됐다. 도쿄 지방검찰청 에 의해 뇌물수뢰죄와 외환법으로 기소된 그는 그 다음 날 보석금 2억 엔을 내고 보석을 허가받았다. 이 사건은 정치가, 고급관료, 대기업이 각각의 이

익을 챙기려는 유착관계에서 발생한 구조적 오직(汚職) 사건으로 알려져
있다.

3부

1) 한국 통계청 추계인구, '인구, 가구/인구 구성비 및 부양비'

2) 한국 통계청 추계인구, 2003년.

3) 부양 인구 대비 피부양 인구의 역전은 벌써 심각한 수준에 이르고 있다.
2000년에 65세 이상 인구가 15세 미만의 소년 인구를 4,000만 명이나 상회
하였다.

4) 한국도 마찬가지여서 연금수익비가 1.51로, 낸 돈의 50% 정도를 더 받아
간다.

5) 《아사히》 신문. 2004년 2월 8일자. '厚生年金の保險料上限, 每年引き上
げも可能に'

6) 현재 국민연금 체납률은 3분의 1에 달한다. 《아사히》 신문. 2003년 11월 7
일자. '年金改革にしのぎ 納付率アップがかぎ'

7) 국민이 내는 보험료로 연금 재정이 유지되지 못하는 경우, 정부가 세금을 투
입할 수밖에 없는데 이는 결국 국민의 조세 부담으로 되돌아오므로 악순환
이라고 할 수 있다. 일본의 연금제도 개혁안에서 정부는 기초연금 재정에 투
입하는 세금을 현재 3분의 1에서 2분의 1까지 끌어올린다는 안을 내놓고 있
다. 결국 연금의 재정 안정화를 도모하기 위해 일반회계가 투입되는, 바람직
하지 않은 대응이 현실화되고 있는 것이다.

8) 후생노동성. '연금개혁의 골격에 관한 방향성과 논점에 관하여', 2002년
12월.

9) 조합관장건강보험이 적자를 기록하게 된 것은 노인보건 갹출금 외에도 실업
으로 인한 피보험자 수 감소에 따른 보험료 수입 감소도 원인이다.

10) 2002년 10월부터 70세 이상 노인의 의료비 본인 부담률을 10%로 올렸다. 고소득 노인의 경우 20%까지 본인이 부담하도록 하였다.

11) 伊吹文明・渡邊喜美, 『シナリオ日本經濟と財政の再生』日刊工業新聞社, 2001.

12) 후생노동성, '헤이세이 15년 후생노동성 예산안의 주요 사항'. 2003.

13) 일본 정부는 '경기 변동에 영향을 받지 않는 안정적인 재원 구조를 위해, 또 국민 전체가 폭넓게 부담하는 방향'에서 소비세를 복지 재원으로 삼고 있다. 일본에서 소비세는 정부 전체 세수의 20% 정도를 차지하며, 이 가운데 5분의 4가 고령자 복지 비용으로, 나머지 5분의 1이 지방자치단체의 지출에 충당되고 있다. 타니야마 나오우(谷山治雄, 不公平稅制を正す會 代表, 稅制經營研究所 所長)는 월간《日本의 進路》2000년 9월호 '政府稅調 中期答申を批判する. 消費稅中心の大衆增稅に反對する世論を'에서 정부 세제조사회가 밝힌 소비세 두 자리 인상안에 대해 비판했다.

14) 가족에 의한 간병・수발이 어려워짐에 따라 의료 서비스는 필요하지 않으나 수발이 필요한 노인이 병원에 장기 입원하는 현상을 가리킨다. 특히 일본의 경우 노인의료비의 본인 부담액이 극히 낮게 책정돼 있고 노인 요양 시설이 절대적으로 부족해, 80년대 이후 고령자들이 병원에 장기 입원하는 현상이 지속되고 있다. 이로 인한 문제점으로 대표적인 것이 의료보험 재정난과 병상 부족이다.

15) 『厚生白書』445쪽. 2001.

16) 일본의 공적개호보험에서 개호 서비스를 이용하기 위해서는 먼저 이용자가 심신이 허약해 일상생활에 지장이 있다는 것을 증명해야 한다. 이때 서비스가 필요한 정도를 나타내는 것이 개호도(介護度)다. 개호도는 요지원(要支援)에서 요개호(要介護) 1~5단계로 나뉜다.

17) 개호보험에서 보험료는 3년마다 새로 책정된다. 2000년 제도가 도입될 당

시 보험료는 전국 평균이 2,703엔이었으나 3년 뒤 보험료는 15% 인상된 3,292엔(전국 평균)이 됐다.

18) 宮島洋.『高齡化時代の社會學』岩波書店, 1992.

19) 닛세이경제연구소 보고서.「고령화에도 불구하고 저축률은 높아가고 있다」

20) 수요 부족의 구조적 요인을 다룬 책으로『덫에 걸린 일본 경제』가 있다.

21)《요미우리》신문. 2001년 7월 3일자. '金額より使い方'

22) 입원의 경우 하루 1,200엔(저소득자는 500엔), 외래의 경우 10%를 부담 (월 상한액 37,200엔, 저소득자는 월 상한액 24,600엔)해야 한다.

23) 과도한 저출산율로 인해 지방자치단체에서는 부모의 자녀 의료비 부담을 덜어주기 위해 최근 영유아 의료비의 자기 부담금을 지원하는 시책을 펴고 있다. 예를 들면 도쿄도의 경우 미취학 자녀를 둔 저소득 세대에 대해 의료비를 지원하며, 3세 미만인 경우에는 세대 소득에 상관없이 의료비를 지원하고 있다.

24) 일본 국립사회보장·인구문제연구소, '人口ピッらミットの推移(1930~2050)'그래프

25) 독거노인 비율이 높은 지역에서는 비교적 고령자 서비스가 발달했다.

26) 65세 이상만 해당, 40세에서 64세까지의 국민이 내는 보험료는 같다.

참
고
문
헌

김미숙.「일본의 공적개호보험제도의 문제점과 과제」,『노인복지연구』vol.21 가
　　을호, 2003.

김성이.「세계의 사회복지개혁의 동향과 한국에의 시사점」,『사회복지』, 1999.

민재성.「21세기의 사회보장문제-사회보험과 공공부조를 중심으로」,『사회복지』
　　vol.149 여름호, 2001.

변재관.「정책동향 일본노인보건복지정책의 검토」,『보건복지포럼』, 2000.

변재관.「농촌노인의 복지정책의 현황과 과제」, 밝은 노후 제10회 노인복지전문
　　가포럼 발표자료, 2003.

장병원.「공적노인요양보장정책의 방향과 기본문제」,『노인복지연구』vol.21 가
　　을호, 2003.

정경배.「21세기 사회보장개혁의 과제와 전망」,『사회복지』vol.149 여름호,
　　2001.

정재훈.「노령사회에 대비하는 새로운 가능성-독일수발보험제도에 관하여」,『사
　　회복지』vol.148 봄호, 2001.

조홍준.「건강보험제도의 현황과 과제」,『사회복지』vol.146 가을호, 2000.

긴조 기요코. ____.『가족이라는 관계』. 소화출판사, 2001.

나카네 치에. 명지대 일본문제연구소 옮김.『일본사회의 인간관계』. 학문사,
　　1995.

데이비드 엘킨드. 이동원, 김모란, 윤옥경 옮김.『변화하는 가족』. 이화여자대학
　　교출판부, 1999.

앤소니 기든스. ＿＿＿.『현대사회의 성, 사랑, 에로티시즘』21세기 총서 우리공동
　　의 미래, 1996.

고바야시 케이이치로, 가토소타. 전경련아주협력팀 옮김.『덫에 걸린 일본 경제』.
　　FKI미디어, 2002.

배성동 외.『21세기 일본의 국가개혁』. 서울대학교 출판부, 2000.

＿＿.『平成14年度　高齡社會白書』, 內閣編, 2002.

＿＿. 厚生省監修.『平成12年版厚生白書』, 2001.

＿＿. 厚生統計協會.『國民衛生の動向』, 厚生の指標, 2000年 第47卷 第9号.

＿＿. 新潟縣大和町.「大和町高齡者保健福祉計畵·介護保險事業計畵」,
　　2000. 3.

＿＿. 大和町企畵調整課編集.「數字で見る大和町」, 1999.

＿＿. 合川町に置ける心の健康づくりの基礎調査報告書—地域診斷に基づく
　　健康なまちづくり 秋田大學医學部公衆衛生學講座, 2002.

土田武士·坪鄕實·木下秀雄·田中耕太郎·松本勝明·廣瀨眞理子·府川
　　哲夫.「介護保險の國際的動向, 特集の趣旨」,『海外社會保障研究』夏
　　(131), 國立社會保障·人口問題研究所, 2000.

京極高信·尾形裕也·小林良二·永瀨伸子·福田素生.「特集：介護保險制
　　度をめぐる諸問題」,『季刊社會 保障研究』Vol.36 Autumn, 國立社會保
　　障·人口問題研究所, 2000.

岡本英男.「日本における福祉國家論の展開とその理論的特質」,『東京経大學
　　會誌』, 2000.

玄田有史.「見過ごされた所得格差—若年世代vs引退世代,自營業vs雇用者」,
　　『社會保障研究』vol.38/3, 2001.

遠藤秀紀 吉田あつし.「家族の同居, 別居選擇と訪問介護サービス需要」,『社會保障研究』vol.37/3, 2000.

三浦文夫.「日本の高齢者福祉對策の変遷−昭和30年代からの主な動き」,『エイジング』, 2000.

山井和則.「施設から暮らしの住まいへ特集/個室化へ」,『TOTO通信』, 2000.

キャロル L. エステス・入江公康 譯.「高齢化事業体再考」,『現代思想』, 2000. 3.

市野川田容孝.「ケアの社會化を巡って」,『現代』, 2000. 1.

___. 特集「人口激減」,『中央公論』, 2000. 12.

盛山和夫.「中流崩壊は物語に過ぎない」,『中央公論』, 2000. 11.

小塩隆士.「少子高齢化と社會保障の財源調達−税vs保險料論爭を超えて」,『ZEIKEN』, 2001. 5.

大竹文雄.「高齢化と所得配分の不平等−不平等の本質を見極め, 政策的對応を」,『日本経濟研究センター會報』, 1999. 6.

___. 2002. 12. 29.「日本を救え・小泉大通税が中高年直撃!」, Yomiuri Weekly.

___. 2003,「出生率向上實現とこまで」, 毎日新門 7, 9, 2面.

___. 特集,「高齢社會と交通」,『福祉』, 2000. 2.

淺井春夫. ___.「福祉ビックバン−福祉の國家主義から新自由主義へ」,『福祉ビックバンと國民の社會福祉權の行方』

井上俊・上野千鶴子・大澤眞幸など編集.『成熟と老いの社會學』, 岩波焦点, 1997.

田多英範.『現代日本社會保障論』, 光生館, 1994.

山井和則・齋藤弥生.『体験ルポ日本の高齢者福祉』, 岩波新書, 1994.

廣井良典.『医療の経濟學』, 日本経濟新聞社, 1994.

池上直己・J.C.キャンベル.『日本の医療』, 中公新書, 1994.

水野肇. 医療・保険・福祉改革のヒント』, 中公新書, 1997.

岡本祐三.『高齢者医療と福祉』, 岩波新書, 2001.

宮島洋.『高齢化時代の社會経済學』, 岩波書店, 1992.

伊吹文明・渡辺喜美.『シナリオ日本経濟と財政の再生』, 日刊工業新聞社, 2001.

內田滿・岩渕勝義.『エイジングの政治學』, 早稻田大學出版社, 1999.

眞田直・小川政亮・淺井春夫.『社會福死への道』, カモガワブックレット, 1999.

齋藤芳雄.『死に場所づくり』, 教育資料出版會, 1992.

齋藤芳雄.『90年時代, い方死に方』, 教育資料出版會, 1997.

廣井良典.『死生觀を問い直す』, ちくま新書, 2001.

日野原重明.『新老人を生きる』, 公文社, 2001.

福島瑞穂.『結婚と家族−新しい關係に向けて』, 岩波新書, 1992.

赤岡功・筒井淸子・長坂寬・山岡ひろこ・渡辺峻.『男女共同參畫と女性勞働』, ミネルバァ書房, 2000.

三次春樹.『老人の生活ケア〈生活障害〉への新しい看護の視点』, 医學書院, 1986.

伊藤周平.『介護保險, その實像と問題点』, 靑木書店, 1997.

相澤與一.『社會保障の保険主義化と公的介護保險』, あけび書房, 1996.

中原伸之.『デフレ下の日本経濟と金融政策』, 東洋経濟新聞社, 2002.

宮本みち子・岩上眞珠・山田昌弘.『未婚化社會の親子關係』, 有斐閣選書, 1997.

川島淳子・敷田牧子.『老親介護こんなときどうする?』, 晶文社, 1999.

落合惠美子.『21世紀家族へ』, 有斐閣. 1994.

森幹郎.『老婚へのみち』, ミネルバ書房, 1980.

金子滿雄.『ぼけてたまるか』, 角川文庫, 2003.

森永卓郎.『惡女と紳士の経濟學』, 日経ビジネス文庫, 2003.

塩田潮.『田中角榮失脚』, 文芸春秋, 2002.

有吉佐和子.『恍惚の人』, 新潮文庫, 1972.

齊藤學.『'家族'という名の孤獨』, 講談社+α文庫, 2000.

黑岩秩子.『7人の母, 國會を行く-ひきこもり, 障害兒者とともに』, 築地書館, 2002.

三好春樹・芹澤俊介.『老人介護とエロス-子育てとケアを通低するもの』, 雲母書房, 2003.

森信茂樹.『日本が生まれ変わる税制改革』, 中公新書, 2003.

J. A. A. Stockwin. *Governing Japan; divided politics in a major economy*, Blackwell Publishers, 1999.

Peter G. Peterson. "Gray Dawn: The Global Aging Crisis", *Foreign Affairs* January/Febraury. 1999.

Laurence J. Kotlikoff & John N. Morris, "How Much Care Do the Aged Receive from Their Children? A Bimodal Picture of Contact and Assistance", National Bureau of Economic Research, 1989.

John Creighton Campbell, Naoki Ikegami. "Japan's Radical Reform of Long-term Care" *Social Policy & Administration* Vol. 37 No. 1, 2003.

인
터
뷰

(필자가 인터뷰한 시간 순으로, 당시 직책을 싣는다.)

소에다 요시야(副田義也) 츠쿠바 대학교 명예대학 교수

세가미 기요다카(瀨上淸貴) 지바 현 건강복지부 이사

구로이와 다쿠오(黑岩卓夫) 의료법인 모에기엔 이사장

요네야마 쓰네오(米山恒夫) 야마토마치 복지과 개호보험계장

사이토 요시오(齋藤芳雄) 야마토마치 유키구니 종합병원 고문

오다이라 노부코(大平信子) 야마토마치 특별양호노인홈 아이로엔 시설장

하세가와 마리코(長谷川まり子) 야마토마치 개호지원센터 보건부장

아키하 이치코(秋葉都子) 지바 현 사회복지법인 다수케아이 운영, 특별양호노인홈 가제노무라 시설장

히노하라 시게아키(日野原重明) 도쿄 성 루카 국제병원 이사장

도야마 다다시(外山義) 쿄토 대학교 환경공학부 교수

이치가와 레이코(市川礼子) 아마자키 시 사회복지법인 기라쿠엔 노인복지회 이사장

오타니 히데유키(大谷秀行) 사회복지법인 나라노하 운영 특별양호노인홈 시설장

야마다 마리코(山田眞理子) '수가모백선' 편집실장

오카모토 다키코(岡本多喜子) 메이지 대학교 사회복지학과 교수

다카하시 시게히로(高橋重宏) 일본사회사업대학 교수

미야지마 히로시(宮島洋) 와세다 대학교 법정학부 교수

야마토마치에서 만난 노인들

1판 1쇄 펴냄 2004년 5월 19일
1판 5쇄 펴냄 2010년 3월 31일

지은이 김동선
펴낸이 이갑수
편집주간 김현숙
편집 변효현, 김주희
디자인 이현정, 전미혜
영업 백국현, 도진호
관리 김옥연

등록 1999. 3. 29. 제300-2004-162호
주소 110-043 서울시 종로구 통인동 31-4 우남빌딩 2층
전화 02-734-6591~3
팩스 02-734-6554
E-mail kungree@kungree.com
홈페이지 www.kungree.com

ⓒ 김동선, 2004. Printed in Seoul, Korea.

ISBN 978-89-5820-008-6   03330

값 9,000원